Testimonios

HIPNOVENTAS
(libro y taller)

"Este libro de ventas me ha cambiado la vida, esto y el taller me ha ayudado a tener una mejor relación con mi familia y con la gente que tengo a mi alrededor."

Sergio Castilla, Colombia

"Estoy maravillado del aprendizaje que he recibido del libro de $úper Vendedor para mi vida. Sobre todo, en el ámbito personal pude descubrir muchas cosas acerca de mis habilidades y temores para ser asertivo en mis relaciones interpersonales y profesionales."

Juan David Zapata, Ciudad de México

"Excelente libro $úper Vendedor. Versatilidad será mi objetivo."

Jacqueline Montoya, Colombia, Empresa Publik

"La mejor formación personal y empresarial con el libro de $úper Vendedor.... ¡La oportunidad de tener un cambio de vida!"

Adriana López, Chihuahua, Mary Kay

Testimonios

Libro $úper Vendedor

Facebook

YouTube

Índice

Contenido

1. El Proceso para el aprendizaje

2. Programación de Súper Vendedor

3. La creación de confianza

4. El Sistema de Ventas

5. Contactos con dinero y precalificación

6. Identificación de necesidades

7. Presentación con base a necesidades

8. Aprendiendo a cerrar

9. Solicitar pago y garantía de resultados

10. Aprendiendo a pedir testimonios y referidos

11. Mercadotecnia de Guerrilla

12. ¿Y ahora qué?

Introducción
**Sistema de ventas
CIPASA**

Video de YouTube

¿Por qué hice el libro $úper Vendedor

El saber vender es la habilidad más importante que cualquier persona debe de poseer para poder tener éxito en la actualidad, hablando de negocios, familia, relaciones de pareja, con los hijos, padres, en la escuela, en el trabajo y en todas partes. El saber vender es un arte que es el más antiguo de todos los tiempos y sin embargo se tiene una aberración al respecto debido a la programación negativa en la sociedad. El detalle es que esta programación negativa de que los vendedores tenemos comportamientos altaneros, poco íntegros, aprovechados o como se nos quiera llamar, ha hecho que se complique cada vez más el arte de vender, sin embargo, sigue siendo la habilidad mejor remunerada en la industria. Más aún si sabes utilizar las herramientas de venta en cada parte de tu vida, ésta se vuelve placentera y mucho menos complicada.

Lo importante es entender que todo el tiempo vendemos, nos guste o no, es lo que hacemos todo el tiempo, le vendemos a nuestra pareja que la queremos, a nuestros hijos que se porten bien, a nuestros clientes nuestros productos o servicios, a nuestros padres que ya somos grandes, a nuestro jefe -si tienes empleo- que hacemos bien nuestro trabajo, como nos vestimos, la ropa que usamos, como luce nuestro cuerpo, la forma en que hablamos, etc.

Así que, es mejor aprender a vender profesionalmente, usando herramientas comprobadas que van a hacer que tu vida sea más sencilla y, sobre todo, puedas tener una mejor remuneración en cualquiera que sea tu profesión, negocio, producto o servicio que ofrezcas.

Recuerda que todo el tiempo estamos vendiendo y nadie nos ha enseñado profesionalmente a hacerlo, ni siquiera en la escuela aunque hayas hecho una maestría, estoy seguro que no aprendiste las herramientas y si las aprendiste nunca las has utilizado apropiadamente, así que esta es tu oportunidad para poder llevar tu rendimiento a un siguiente nivel pues este libro es práctico, viene poca teoría y muchas herramientas que sólo debes utilizar constantemente, pues como vendedor necesitamos elevar nuestra capacidad continuamente con herramientas comprobadas.

Te felicito por este importante paso y estoy seguro que como a mí, el aprender a vender te va a abrir las puertas necesarias para poder tener una vida espectacular en todos los sentidos.

David Gaona

Agradecimientos

Gracias a todo mi equipo de Universidad de la Calle y a mi familia que es mi inspiración, pero especialmente le quiero a agradecer a mi madre hermosa que fue la que me educó en todos los sentidos, ella me enseñó a vender, a ser disciplinado con el ejercicio, a ser un guerrero en la vida. Ella desde que tengo uso de razón ha sido un ejemplo de lucha, entrega y sobre todo una $úper Vendedora que nunca se da por vencida.

1

" Si quieres cambiarle la vida a una persona enséñale a usar una herramienta. "

Buckminster Fuller

¿Por qué debo usar herramientas para vender?

El Proceso para el aprendizaje

1. ¿Cuál es el proceso del aprendizaje?
2. ¿Por qué debes estar abierto a aprender más?
3. ¿Cuáles son las 3 palabras más peligrosas que existen?
4. ¿Cómo sabes si realmente sabes?
5. ¿Qué es la comunicación pasiva?
6. ¿Cómo sabes si eres experto?
7. Poderes de $úper Vendedor

¿Cuál es el proceso del aprendizaje?

Lo que vas a aprender en este libro son herramientas, este libro es 80% práctico y 20% teórico, vamos a suponer que tu tarea es romper una pared y yo te voy a enseñar a usar un martillo, taladro, roto martillo y hasta una demoledora para poder atravesar esa pared. Es lo mismo que vas a aprender, pero con el tema de las ventas para convertirte en un $úper Vendedor, vas a usar una serie de herramientas y técnicas con las cuales vas a ver que tu nivel de ingresos económicos y tu vida en general mejoran considerablemente, porque recuerda que las ventas se utilizan en todos los aspectos de la vida.

PODER = INFORMACIóN + ACCIóN

Poderes de $úper Vendedor

Te voy a enseñar poderes aquí para que te conviertas en un $úper Vendedor, pero quiero que comprendas, que los poderes se dan con información más acción, en cada capítulo te voy a poner a accionar, vas a tener que trabajar duro con la información que tienes y vas a adquirir poderes sobrenaturales que te van a diferenciar de cualquier persona, vas a tener un nivel de vida que muy poca gente tiene, así que por favor ponte a trabajar con mucha disciplina por tus $úper Poderes.

Antes que nada, lo que tienes que hacer es desaprender muchos conceptos y seguramente cambiar algunos o muchos hábitos que no te han permitido avanzar lo suficiente y, sobre todo, estar abierto a entender que si no estás obteniendo los resultados que esperas o deseas, entonces tienes que estar abierto a aprender a usar herramientas nuevas y mejorar tus hábitos para convertirte en un $úper Vendedor.

"Lo más importante es desaprender algo que no te hafuncionado y aprender lo que a partir de ahora va a cambiar tu vida."

David Gaona

¿Por qué debes de estar abierto a aprender más?

Las tres palabras más peligrosas que existen en el idioma son "Ya lo sé" entonces si tu cerebro en algún momento del libro empieza a decirte que tú ya sabes, lo primero que le vas a decir es que se calle, que te deje seguir leyendo y enfócate en hacer los ejercicios para usar las herramientas que te damos en el libro. Recuerda que cuando el "Ya lo sé" aparece, detiene el proceso de aprendizaje y hace que tu cerebro se bloquee creando una barrera y negando cualquier información que pueda ser valiosa para tu cerebro.

¿Cuáles son las 3 palabras más peligrosas que existen?

¿Cómo sabes si realmente sabes?

La mejor forma de saber si alguien realmente sabe es con los resultados que esta persona tiene. Por ejemplo, alguien que realmente sabe de negocios no es precisamente porque haya estudiado en una universidad prestigiosa, tenga una maestría en negocios o que haya trabajado en una empresa como empleado. La única forma de evaluar su sabiduría en los negocios es ¿cuánto dinero tiene en el banco debido a sus negocios? Punto final, no es la teoría que sepa, ni los estudios, ni los libros, sino los resultados que tiene con respecto a sus negocios. Entonces si quieres evaluar a alguien en negocios dile que te enseñe el estado financiero, si quieres saber si alguien es experto o realmente sabe de ventas es el mismo proceso, tienes que preguntarle ¿cuánto vendes diario o por semana? Es lo mismo en el tema de salud o de bienestar, ¿cómo sabes si el nutriólogo o el instructor de pesas saben?, por supuesto por su estado físico y por la condición física de su cuerpo y la cantidad de ejercicio que puedan tolerar.

Es simple y sencillo, la única forma de saber si sabes o no sobre un tema es si estás viviendo lo que la teoría dice, tienes que ser un ejemplo viviente.

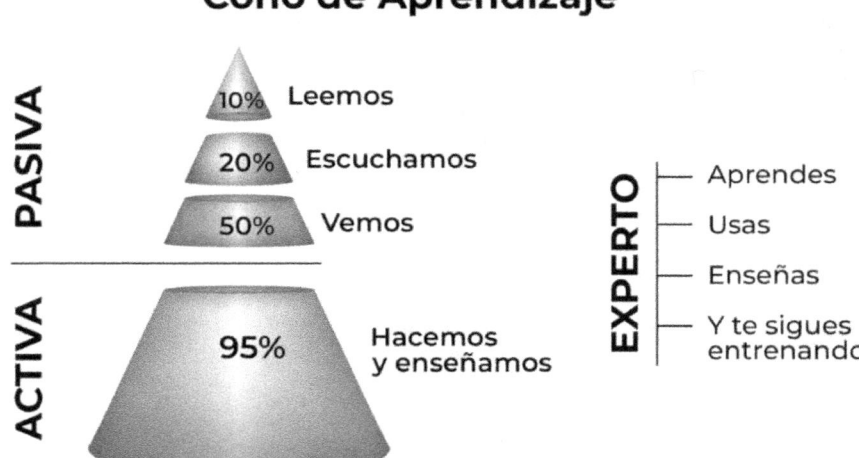

¿Qué es la comunicación pasiva?

La figura del cono de aprendizaje lo que explica es pura estadística, la primera parte del triángulo es lo que se conoce como aprendizaje pasivo o comunicación pasiva, lo que dice es que si tú lees cualquier tipo de información como por ejemplo un libro de ventas, sólo recuerdas después de 2 semanas el 10% de la información, es posible que tú pienses que aprendes más o menos, pero recuerda que lo que aparece ahí son promedios. Si estás en desacuerdo trata de hacer memoria del último libro que leíste y dime ¿qué porcentaje de la información recuerdas?, lo más seguro es que sea entre el 5 y el 15%.

Aprendemos el 20% de lo que escuchamos, esto quiere decir que después de 2 semanas nos acordamos únicamente de este porcentaje, si quieres hacer la prueba ¿recuerdas alguna conferencia o charla en la que hayas estado en el último año? Lo más seguro es que digas que sí pero realmente solo recuerdas entre el 15 y el 25% de la información que escuchaste, también puedes hacer el ejercicio de recordar las últimas clases de tu maestría, de la preparatoria o de la universidad.

Aprendemos el 50% de lo que vemos, esto quiere decir que después de 2 semanas en promedio recordamos la mitad de la información que observamos, este es uno de los métodos más eficaces de la comunicación pasiva, si quieres educar de manera efectiva sea a tus hijos, empleados o alumnos, la mejor forma es con el ejemplo, los niños, así como los adultos aprenden más con el ejemplo que con una conferencia o un libro que les puedas proporcionar. Tus hijos y empleados son ejemplo de tus acciones, esta es una de las maneras más efectivas de poder educar a alguien.

¿Cómo sabes si eres experto?

Como te has podido dar cuenta el que hayas leído, escuchado conferencias, atendido a cursos o que hayas visto que tu papá hiciera algo toda tu niñez no significa que sepas, solo tienes alguna información al respecto, pero esto no determina si realmente sabes o no, los resultados son los que determinan si una persona es experta en el tema.

Por eso es tan importante que entiendas que la escuela formal solo es un pequeño paso en la formación profesional porque ahí la comunicación y educación es pasiva, nunca nos enseñan a utilizar la información en la vida real y lo más cruel del asunto es que el que te vaya bien en la escuela tradicional nunca va a asegurarte que tengas éxito en la vida real. ¿A cuánta gente conoces que eran excelentes estudiantes y siguen ganando $1,500 dólares por mes, o siguen sin empleo?

Sin embargo, el saber vender es una garantía de éxito en tu vida personal y laboral siempre y cuando mantengas un buen equilibrio en tu estado físico, espiritual y emocional. Como bien pudiste analizar, la escuela tradicional está centrada en comunicación pasiva, por eso, muchos de los que vamos a la escuela (incluyéndome) no hacemos engranaje con el sistema pues todos aprendemos de manera distinta, por ejemplo, yo aprendo haciendo y en la escuela el 90% de la información es leyendo, escribiendo y escuchando así que ya te debes de imaginar el choque térmico que es para muchos de nosotros el ir a la escuela y el porque a otros les va muy bien.

En la segunda parte del triángulo está la comunicación activa y es aquí donde te puedes volver experto. Son 4 pasos sencillos. Primer paso, tienes que aprenderte la información o siempre traer un resumen, no tienes que ser un $úper genio para poder sabértelo de memoria, existe la mnemotecnia, que te ayuda a aprender con acrósticos (es una composición poética o normal en la que las letras primeras, medias o finales de cada verso u oración, leídas en sentido vertical, forman un vocablo o una locución) y algunas otras herramientas con las cuales es mucho más sencillo. Segundo paso, tienes que usarlo, si pones atención nunca digo entenderlo, sólo tienes que usarlo, lo que te voy a dar en este libro son herramientas, es como un martillo para tirar una pared, sólo vas y la usas, evita querer entender todo, el entendimiento viene después de la práctica. Una vez que lo empiezas a utilizar -que es donde la escuela tradicional se queda corta- tu curva de aprendizaje empieza a acelerarse. Aunque haya algo con lo que no estés de acuerdo o que no entiendas muy bien la tarea principal es que lo uses, hasta que lo entiendas.

El tercer paso es enseñarlo, pero para esto es vital que lo utilices y que realmente seas un ejemplo viviente, porque conozco a mucha gente que son unas bibliotecas andando, nunca utilizan lo que saben, pero tratando de enseñar están volviendo a los mismos estudiantes, alumnos, empleados o hijos unos clones que nunca utilizan lo que saben. Recuerda que la gente aprende más lo que ve en ti que lo que le puedas decir o le pongas a leer, recuerda que tus hijos o empleados son una copia exacta de tus hábitos. Un $úper Vendedor es un líder en todos los sentidos y enseñamos todo el tiempo $úper poderes.

Te voy a dar un ejemplo, yo tengo una empresa de consultoría de productividad www.iexito.com, donde ayudamos a empresarios
a lograr sus metas en tiempo récord, con herramientas de clase mundial del Sistema Rockefeller, la primera evaluación que hacemos es al empresario para poder saber qué es lo que le duele a la empresa, ¿por qué? porque la empresa es un reflejo de los hábitos del dueño, así de sencillo. Así que el enseñar conlleva muchas cosas, tienes que saber usar las herramientas y, más aún, ser un ejemplo viviente para poder enseñar.

El cuarto paso para volverte un experto es entrenarte constantemente, recuerdo perfectamente el día que tomé mi primer entrenamiento que yo pagué de mi bolsa, fue de inteligencia financiera en USA, y recuerdo que el instructor nos dijo que ese entrenamiento lo íbamos a recordar el resto de nuestras vidas y que muy probablemente más cuando fuéramos libres financieramente, pues recuerdo esa voz perfectamente porque hace más de 16 años soy libre financieramente y fue hace 20 años que tomé ese curso. Lo más importante que te quiero decir es que los cursos y talleres que tomes se van a quedar contigo, son una inversión. Yo tomo 1 curso e imparto 2 por mes, tengo mi plan de entrenamiento y tengo un entrenador por más de 12 años, tienes que entrenarte, ¿en qué? en todo, yo me entreno en ventas, en finanzas, en liderazgo, en inversión, mercadotecnia, cada 3 años repito los mismos cursos para poder ser experto en el uso de las herramientas.
Es por eso que tenemos también una empresa donde impartimos cursos www.ucalle.com, **¡Entrénate con nosotros!**, ahí puedes encontrar cursos impartidos por expertos que realmente lo hacen y se refleja en el bolsillo, tenemos, por cierto, el taller **HIPNOVENTAS** que es el taller vivencial de este libro. Donde más de 100,000 personas han tomado nuestros cursos y han podido vivir cambios radicales como aumentar 500% las ventas en 6 meses, lograr su peso ideal, abrir su propio negocio exitosamente, entre muchos otros resultados. Y si piensas que te estoy vendiendo, ¡estás en lo correcto! Si no este no podría ser un libro de ventas pues tengo que predicar con el ejemplo. **¡Entrénate!**

> *"Lo importante no es lo que sabes, sino lo que haces con lo que sabes, eso es lo que realmente te va a dar resultados masivos."*
>
> *David Gaona*

Ahora ya que sabes cuáles son los pasos para volverte experto, te voy a explicar las 4 etapas que atravesamos para poder volvernos expertos en el uso de herramientas, la primera es **Incompetencia Inconsciente**, esto es lo que les ocurre a las personas que no saben qué les está pasando ni por qué les está pasando. Mejor llamados víctimas, creen que todo les ocurre porque tienen mala suerte o porque nacieron sin las habilidades o en la pobreza.

Piensan que están destinados a nunca triunfar en algo. Hablando de las ventas son los vendedores que no venden y piensan que no nacieron para eso y que hacen las cosas, pero sin resultado alguno.

La segunda se llama **Incompetencia Consciente**, siguiendo con el ejemplo de los que somos vendedores sabes que te falla alguna parte de la venta, como el caso de los cierres; vamos a suponer que estáshaciendo todo bien, haces el contacto, el cliente tiene la necesidad, le haces la presentación y la persona quiere, pero no le puedes vender porque no sabes cerrar. Eres consciente pero aún no puedes avanzar y te sientes frustrado, dicho en otras palabras, sabes de tu debilidad, pero no puedes hacer nada al respecto.

La tercera es **Competencia Consciente**, esta etapa es muy divertida, pero es una etapa vamos a decir "mecánica", sabes cuáles son las herramientas, las usas en la situación adecuada, algunas veces en el momento adecuado y otras veces no. Pero es cuando te das cuenta -hablando otra vez de las ventas- que te sabes todos los pasos, tienes las herramientas adecuadas para las situaciones adecuadas y sólo tienes que trabajar con los momentos adecuados. Sabes atraer contactos que tengan dinero, necesidad, sabes identificar las necesidades de los clientes, sabes hacer las presentaciones, sabes los cierres y cuándo usarlos, sabes solicitar el pago y dar seguimiento, pides testimonios y referidos, pero aún no te sale de manera natural.

Por último, la cuarta es **Competencia Inconsciente**, esto significa que te vuelves un $úper Vendedor, tienes todas las herramientas y sabes los momentos adecuados para utilizarlas, pero de una forma natural e innata, ¡tienes $úper Poderes!, esto empieza a ocurrir después de que haces unas 100 presentaciones usando las herramientas. Dando un ejemplo diferente es como cuando aprendes a jugar un deporte y llevas entrenando con los básicos ya casi un año completo, llega el momento del partido o la competencia donde tu cuerpo de manera natural empieza a utilizar los movimientos de acuerdo a la jugada de manera inconsciente. Todo fluye porque estás preparado y has estado entrenando, sabes qué hacer en el momento y en la situación correcta, este es el momento cúspide del aprendizaje, pero lo más importante es que siempre puedes seguir aprendiendo y volverte mejor en lo que haces. Sobre todo, en la profesión de las ventas.

Yo siempre digo que ser un $úper Vendedor es como ser un atleta de alto rendimiento, se requiere mucho entrenamiento para poder llegar a ser de los mejores. Aquí es donde tus $úper Poderes empiezan a manifestarse, todo mundo te dice que tienes talento natural y dones. Realmente es cierto, tienes $úper Poderes.

Aprender Requiere Energía

Tienes que comprender que aprender, así como vender requiere mucha energía, este es un concepto que la mayoría de los vendedores inexpertos no entienden. La profesión de las ventas es la más desgastante que existe, aparte requiere tener un aprendizaje constante, yo lo comparo siempre con un atleta de alto rendimiento y si no te preparas como tal, estoy seguro que no estás obteniendo los resultados que podrías obtener. De hecho, yo te recomiendo que hasta contrates un entrenador, yo tengo un
entrenador financiero desde los 22 años, si quieres más informes sobre coaching para empresas tenemos algo que te puede ayudar en www.iexito.com, **¡Entrénate con nosotros!**

Regresando al tema de vender y aprender requiere mucha energía, les voy a dar un ejemplo, uno de mis negocios principales es de transportes, tengo ese negocio desde los 17 años, lo inicié cuando estaba en la universidad y hacía mudanzas todos los días y los fines de semana, después de un sábado y domingo de 10 servicios terminaba realmente exhausto, pero cuando terminaba de trabajar todavía tenía la energía para irme a correr al Cerro de la Silla o de irme a jugar básquet o de ir al cine. Pero ahora, aunque siento que estoy en mejor condición física a mis 36 años que a los 17, después de terminar un día de 5 citas de ventas termino más exhausto que cuando hacía las mudanzas y eso que para las 7 pm ya he terminado, pero es por el desgaste emocional y energético que se tiene en cada cita de ventas.

> *"Así que, comprende que el vender, aprender
> y casualmente ganar dinero requiere mucha energía."*
>
> *David Gaona*

Entonces para que realmente se te quede grabado y seas un experto tienes que estar estudiando todo el tiempo con audios y con libros. Ve a cursos y entrenamientos, pero entrénate con los mejores. Nunca escatimes en tu entrenamiento porque este se va a quedar contigo toda la vida, es realmente una inversión. Yo tomo cursos de ventas, liderazgo, administración, etc. Por lo menos 10 ó 12 por año, es muy importante que, aunque ya seas un experto te mantengas entrenando. Recuerda que eres como un atleta de alto rendimiento, los mejores del mundo nos mantenemos en la cumbre entrenando todos los días. Como dice mi entrenador deportivo:

> *"Los juegos y las negociaciones se ganan
> con lo que haces en el tiempo libre"*
>
> *Nacho Moreno*

Poderes de $úper Vendedor

1. **Mnemotecnia:** aprende a memorizar, existen varias marcas muy buenas inclusive puedes comprar software que te puede ayudar para que no tengas que ir a una clase exclusiva.

2. **Lectura rápida:** esta herramienta junto con la de saber memorizar son las dos principales habilidades que van a cambiar tu vida.

3. **Calendario de cursos:** haz una lista de todos los cursos a los que quieres asistir y planea ir durante todo el año, pon todos los que te hacen falta para ser un $úper Vendedor, de liderazgo, de administración y de inversión, recuerda incluir los de www.ucalle.com.

4. **Libreta de aprendizajes:** cada que aprendas algo o leas un libro, tienes que asegurarte que lo anotes en tu libreta para que cuando quieras recordar esa información solo vayas a la libreta

5. **Mapas mentales:** estos te van a ayudar a que hagas tus anotaciones de una manera más ordenada y estructurada. Una vez que aprendes a usarlos, te aseguro que tu aprendizaje va a aumentar en una gran proporción.

6. **Asignar horarios de estudios:** de preferencia a primera hora en el día ya sean a las 5 ó 6 de la mañana o 10 a 11 de la noche, recuerda que lo primero que pones en tu cabeza es lo que vas a tener el resto del día.

7. **Universidad rodante:** haz que cualquier momento pueda ser uno de aprendizaje, pon en tu celular, tableta o computadora todos los audio libros posibles para que puedas acceder a ellos cuando tengas tiempo, para mí es automático, subo al carro y es momento de escuchar audio libros, tenemos más de 15 en www.ucalle.com. También puedes escuchar música clásica como Mozart, Paganini, Chopin, Beethoven, etc.

PODER = INFORMACIóN + ACCIóN

Lo que vas a aprender en este libro es 80% herramientas y 20% teoría, esto es lo que realmente funciona en la vida real y te lo digo con el siguiente ejemplo, he tenido negociaciones de $100 mil dólares que he hecho en una sola cita usando lo que aquí te voy a mostrar, así que lo que vas a aprender aquí son herramientas comprobadas, -que sigo usando y mejorando todo el tiempo-, que aprendí y sigo aprendiendo de los mejores del mundo. Además, quiero que comprendas que si le quieres cambiar la vida a una persona lo que tienes que hacer es darle herramientas, en lugar de que les des una letanía, una conferencia o un regaño, mejor dale algo que pueda usar para que le vaya mejor.

> *"Si quieres cambiarle la vida a una persona enséñale a usar una herramienta."*
> *Buckminster Fuller*

De hecho, te quiero invitar a tomar un curso que damos en Universidad de la Calle que se llama Entrenadores en Aprendizaje Acelerado que te va a ayudar a poder potencializar tus dotes como entrenador y vendedor, aquí te enseñamos como poder enseñar de manera muy eficiente, te prometo que va cambiar tu vida, imagínate poder vender a miles de personas al mismo tiempo como lo hacen los grandes entrenadores. ¿Quiéres aprender esto? Entonces contáctanos en www.ucalle.com. **¡Entrénate con nosotros!**

2

"Las ventas son una transferencia de emoción y energía, de tu producto, idea o servicio."
David Gaona

¿Eres un $úper Vendedor?

Programación de $úper Vendedor

1. ¿Qué son las ventas?
2. ¿Qué es el dolor y el placer de las ventas?
3. La historia del vendedor de cortinas del barrio
4. ¿Quién gana más, un ingeniero un vendedor?
5. ¿Qué tienes que hacer para disfrutar las ventas?
6. ¿Cómo te conviertes de cavernícola a $úper Vendedor?
7. Los decretos de $úper Vendedor
8. ¿Qué debes de hacer para programarte como un $úper Vendedor?
9. ¿Por qué debes de tener una lista de logros?
10. ¿Por qué tener un área de trofeos?
11. ¿Quién es la persona más importante?
12. ¿Por qué debes de pedir ayuda a tu creador?
13. ¿Cuál es la importancia de la disciplina?
14. ¿Cuál es la primera venta que tienes que hacer?
15. Poderes de $úper Vendedor

¿Qué son las ventas?

Las ventas son la transferencia de una emoción y energía, sobre un producto, servicio o idea. Es demasiado sencilla la descripción, así que para convertirte en un $úper Vendedor lo primero que tienes que hacer es ser un excelente cambiador o inducidor de estados emocionales, a la primera persona que tienes que aprender a prenderle y apagarle el botón de la emoción es a ti mismo y después hacer esa transferencia de emoción al cliente. Tienes que trabajar en que tú estés convencido de lo que estás haciendo, tienes que estar orgulloso de ser vendedor y de dedicarte a esta maravillosa profesión. Hay diversas herramientas para que tú te puedas hacer la venta a ti mismo, tienes que programar tu subconsciente para que cuando llegues a la venta con el cliente estés completamente preparado y convencido.

> " El cierre de la venta se da en los 3 primeros
> y últimos minutos en que conoces al cliente."
>
> *David Gaona*

Te voy a dar una estadística fundamental y que solo sabemos los $úper Vendedores, el cierre de la venta se hace en los primeros y en los últimos 3 minutos en que conoces al cliente. Entonces tienes que prepararte para que cuando llegues a hacer la venta ya la tengas ganada, tu cerebro subconsciente tiene que estar tan programado que cuando el cliente te vea sepa que le vas a ayudar, le inspires confianza y mucha fuerza. Otro punto es que comprendas que las ventas son la parte más importante de la empresa, sin ventas no habría negocio, así que estás en la posición más estratégica y que sin ti no se darían los resultados y tampoco habría dinero para pagar a los empleados. Recuerda, las ventas son la parte más importante de la empresa, sin ellas el negocio no sería negocio.

¿Qué es el dolor y placer de las ventas?

La decisión de si compramos o no, como todo en esta vida es un resultado de si nos produce dolor o placer la persona, la situación, la empresa o el producto que se nos está presentando. Tenemos una parte del cerebro que se llama el cerebro reptil que no ha evolucionado por millones de años, es nuestro cerebro cavernícola y es el que lleva a cabo la principal función del cerebro que es alejarnos del dolor y acercarnos al placer. Todo lo que hacemos fue primero evaluado por nuestro cerebro y si nos da placer lo hacemos y si nos da dolor lo evitamos a toda costa. Por ejemplo, por las mañanas existe mucha gente que no se puede levantar, la principal razón es que el cerebro manda una señal que dormir produce más placer que levantarte a hacer ejercicio.

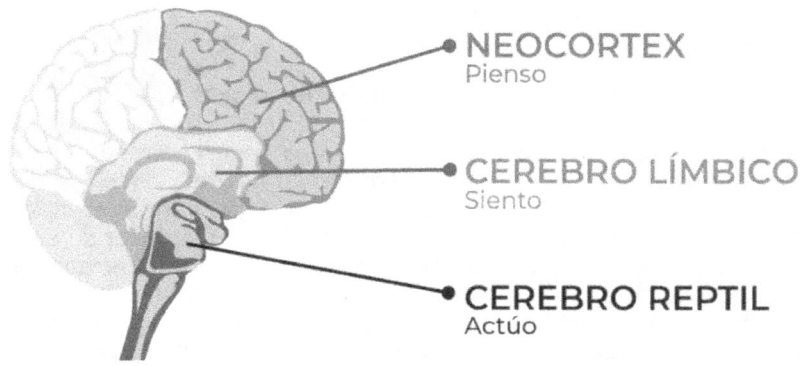

"Las ventas, como cualquier cosa que hagamos, es evaluado por nuestro cerebro a si nos da placer o dolor."

David Gaona

La primer parte que tienes que entender es que para ti sea un placer el hacer las ventas, que tu cliente sienta que para ti es un pasatiempo y disfrutas haciendo lo que haces, la segunda parte de la venta es buscar qué es lo que le da placer a tu cliente y buscar la forma de satisfacerle su necesidad al mismo tiempo. Recuerda que nuestro cerebro busca hacer todo lo posible para que nos evite el dolor y las ventas es una transferencia de emoción. Tenemos un taller que te va a ayudar con esto se llama El Taller del Guerrero, en este taller aprendes a hacer que el dolor y el miedo sean tus aliados, recuerda que ellos son maestros, **¡Entrénate con nosotros!**

La historia del vendedor de cortinas del barrio

Para mí ha sido un proceso muy complicado, pues vengo de una familia donde los vendedores tienen una fama de gente que no estudia y que es algo malo el estar en esta profesión, de hecho recuerdo perfectamente la historia que nos contaba mi padre, "Si sigues sacando malas notas, vas a dedicarte a poner cortinas como el señor de la esquina" recuerdo que yo lloraba porque no quería dedicarme a las ventas, para mí era como una humillación y me ponía a estudiar, pues quería hacer que mi papá se sintiera orgulloso y estudiar ingeniería como él y varios tíos lo habían hecho. Pero él siempre usaba la clásica historia de que si no estudiábamos nos íbamos a dedicar a vender cortinas y cobijas como el señor que vivía en la esquina.

¿Quién gana más, un ingeniero o un vendedor?

Esto cambió radicalmente cuando empecé a tener entrenador pues la primer habilidad que me hizo trabajar fue las ventas, para mí fue algo terrible porque mi padre siempre me dijo que las ventas eran lo peor que existía y sólo la gente que no tenía nada más que hacer se dedicaba a ellas, entonces fue cuando todo cambió pues mi entrenador me preguntó: ¿Quién gana más en la empresa donde trabajas? A lo que le respondí: el vendedor Víctor Pérez, recuerdo perfectamente el coraje con el que dije el nombre. Pero sin duda que me movió, me dijo quien gana más siempre en una empresa es el vendedor pues es el que lleva el dinero a la empresa. La primer habilidad que debes de aprender para ser empresario es el saber vender, si no el negocio no existe, la segunda habilidad que debes desarrollar como empresario es el liderazgo, tercero la administración y por último la inversión.

Pero la respuesta es que gana más un vendedor que un ingeniero. Así que me metí a un negocio multinivel para poder aprender la magia de las ventas y poder convertirme en un $úper Vendedor. Fue aquí donde mi vida dio un giro radical, en 6 meses yo ya estaba ganando el doble ¿Por qué? Porque como profesionista o empleado siempre estás vendiendo, aunque no te guste, así que el aprender a vender para mí ha sido algo que ha hecho que mis resultados se multipliquen considerablemente.

¿Qué tienes que hacer para disfrutar las ventas?

Tienes que trabajar para que vender sea tu pasatiempo, esta es la clave para que te dé placer vender. Te voy a dar un ejemplo, yo tengo mis empresas y en mi tiempo libre me gusta, aparte de pasar tiempo con mi familia, vender carros, propiedades, conocer gente y clientes nuevos, ir a vender puerta a puerta con mis hijas, vender libros, etc.

Todo lo que sea vender para mí es un pasatiempo, si tengo tiempo libre lo primero que me digo es ¿qué puedo vender?, sé que suena un poco extraño pero mi cabeza ya está tan preparada, lo hago en automático, es la competencia inconsciente que te mencionaba
anteriormente. Por eso es importante que todo el tiempo vendas, todo el tiempo estés buscando nuevos clientes, que lo hagas por pasatiempo y no por necesidad, que lo hagas porque realmente en tu corazón está el ayudar y disfrutas haciéndolo.

> *"La clave para que las ventas sean muy exitosas es que para ti, sea un pasatiempo y nunca una necesidad."*
>
> David Gaona

Otra herramienta es el que te estés entrenando constantemente, yo programo mis entrenamientos mes con mes, por lo menos leo un libro por semana y casi siempre releo los mismos y todo el tiempo escucho audios en mi carro o cuando hago ejercicio para poder seguir aprendiendo. Recuerda que un atleta de alto rendimiento entrena por lo menos 6 horas diarias, así que un $úper Vendedor tiene que entrenar por lo menos 4 horas al día, haz el tiempo y mételo en tu agenda. Ahora bien, si realmente quieres pasar al siguiente nivel entonces tienes que contratar un entrenador que te ayude a llegar a niveles que nunca habías soñado, pero asegúrate que te entrenes con los mejores o con alguien que ya haya logrado lo que tú quieres. **¡Entrénate con nosotros!**

> *"El mito de que el mejor vendedor nace es erróneo, un vendedor se hace, es como los atletas, naces con ciertas habilidades, pero desarrollas el resto."*
>
> David Gaona

Ya que sabes que el ser un $úper Vendedor es cuestión de hacerte experto en el uso de herramientas, es importante que también tengas una meta bien clara. Debes saber cuánto quieres ganar por año, por mes, por semana y por día. Tienes que tener bien claras tus metas, no sólo en el rubro del dinero sino además en todos los aspectos de la vida, entonces una de las principales tareas que vas a tener es la de hacer tus metas.

Lista 50 cosas que quieres lograr de aquí a 5 años, escríbelo en una libreta especial para tus metas, es importante que los mantengas cerca de ti siempre, además busca hacerlas con la metodología SMART+.Tus metas tienen que ser específicas, medibles, alcanzables, orientadas a resultados, con límite de tiempo y positivas. La herramienta de poner todas tus metas por escrito es una de las más poderosas que existen. Haz tu listado y todos los días reescribe las más importantes, si quieres más información sobre cómo estructurar tus metas puedes ir a www.ucalle.com y comprar el audio libro de Cómo cristalizar tus sueños para que lo hagas de una manera más estructurada. **¡Entrénate con nosotros!**

Otra de las herramientas es que trabajes en tu vestimenta y tu estado físico. ¿Por qué? Es muy sencillo, para que puedas programarte positivamente, los colores y la vestimenta que utilices es un 70 al 80% de las ventas porque es como te vas a sentir; los colores psicológicamente son un activador de emociones. Hay 4 colores que los expertos aconsejan para dar un impacto positivo en las ventas: negro, azul, gris y blanco. Todos son colores que reflejan seriedad y dan un toque de saber de lo que estás hablando, recuerda que los colores hacen que tu emoción cambie y hacen que también cambie el estado emocional de la persona a la que le estás vendiendo. Puede sonar un poco difícil de creer, pero entiende que el cerebro piensa en imágenes y en colores, vamos a hacer un ejercicio, cierra los ojos y piensa en una manzana; seguramente pensaste en color rojo, verde o amarillo, lo que hace nuestro cerebro es relacionar los colores con ciertas cosas que nos hayan pasado en la vida, así que si quieres causar una buena impresión y evitar causarles dolor a tus clientes entonces asegúrate de usar los colores adecuados. Tengo un cliente que el color rosa le causa una aberración total y que el sólo verlo hace que se ponga de mal genio, recuerdo que ya que habíamos entrado en confianza lo que me dijo fue "qué bueno que no eres el típico vendedor que utiliza colores saltones porque a esos no les compro."

Ahora con esto te estás preguntando ¿Tengo que dejar de usar colores como el rojo, rosa, naranja y amarillo? La respuesta es sí, recuerda que cada color de esos tiene algún significado subconsciente para la otra persona, por ejemplo, si llevas rojo este es el color de la pasión, si eres mujer y vas con un hombre a la otra persona le estás despertando pasión subconscientemente, es lo mismo con ropa ajustada o con escotes sin importar el sexo. Recuerda que nuestro cerebro reptil es el que toma las decisiones de nuestra cabeza y nos busca acercar al placer, así que si quieres que tu cliente se fije más en tu producto o servicio cuida mucho la ropa, los colores que llevas así como los olores que despides, esto es algo crítico, recuerda que también por esto puedes ganarte o perder a un cliente, busca siempre un olor que sea apenas perceptible y que sea lo menos llamativo.

Tu estado físico es algo que como $úper Vendedor debes de cuidar constantemente, como te he comentado a lo largo del libro el estar en esta bella profesión es similar que ser un atleta de alto rendimiento, recuerda que el tener 5 citas de ventas en un día es mucho más cansado (no sólo lo digo yo, sino varios de los mejores entrenadores en ventas del mundo) que hacer 4 a 5 horas de ejercicio duro. Así que aquí la tarea es que asignes todos los días una o dos horas a hacer ejercicio para que tengas las endorfinas para poder enganchar a tu cliente, y la energía para poder transferirle la emoción de tu servicio, idea o producto.

Para poder hacer de todas estas herramientas una competencia consciente, la clave es usarlas todos los días por lo menos 3 meses seguidos.

Hay algo que utilizamos en Universidad de la Calle (www.ucalle.com), la empresa de educación para empresarios de la cual soy dueño, que se llama "La hora de poder". Esta consiste en que todos los días antes de las 6 de la mañana hagas lo siguiente:

Párate y haz 100 lagartijas y 100 sentadillas.
Ora y agradece por todo lo que está por venir y por lo que ya tienes.
Define tu agenda diariamente y ten una semana por adelantado.
Elabora un jugo verde de acelgas, pepino, limón y apio.
Reescribe tus 5 metas principales en una libreta todos los días.

> **"Tienes que volverte tan atractivo que la gente te busque en lugar de que tú estés buscando a tus clientes."**
>
> *David Gaona*

Nuestro cerebro tiene cerca de 70,000 pensamientos diarios, el 99% dominados por nuestra parte subconsciente. ¿Cuántos pensamientos realmente dominas durante el día? Realmente son muy pocos en promedio 5 ó 6, lo que estoy haciendo con el uso de herramientas y establecimiento de hábitos es el que puedas dominar muchos más de estos pensamientos. "La hora de poder" -como cada herramienta que viene en este libro- tiene como objetivo principal ayudarte a cumplir tus objetivos lo más rápido posible. Recuerda un $úper Vendedor es el que sabe dominarse a sí mismo y puede cambiar o transferir la emoción de un producto, idea o servicio. Aquí hemos visto varias herramientas para que domines tu estado emocional, pero aquí 3 pasos de calentamiento mental que debes de hacer antes de cada venta:

Controla tu manera de respirar, puedes inclusive hacer meditación (yo recomiendo el Método Silva), además utiliza música inspiradora especial para las ventas, una canción que en cuanto la escuches te recuerde algún momento muy especial, por ejemplo una de las canciones que yo utilizo para antes de una venta, un juego de baloncesto o alguna negociación importante es la de "Simplemente el mejor" de Tina Turner, porque me recuerda cuando jugaba baloncesto universitario en el Tecnológico de Monterrey, era la canción que ponían para la presentación en los inicios del juego. Ese tipo de canciones son las que debes de usar.

Haz un movimiento tipo ancla que en cuanto lo hagas te haga recordar todo lo bueno que has logrado, por ejemplo, a mí me gusta mucho tocarme el corazón con la palma, cada que hago eso recuerdo todos los campeonatos que he ganado, las ventas que tuve de cantidades grandes, los cursos y la gente que he ayudado, mi familia; me hace vibrar cuando me doy palmadas en el pecho, puedes usar este movimiento, dar un salto o algo que te ayude a elevar tu energía y entrar en un estado ganador.

Lo que comes es fundamental, yo tengo la rutina, en mi "hora de poder", de tomarme todos los días un jugo verde, inclusive me lo tomo por las noches pues me hace sentir muy bien. Recuerda que para ser un $úper Vendedor tu energía debe de ser muy alta, recuerda que las ventas son una transferencia de emoción y energía. El jugo verde te va a ayudar a estar activo, te va a ayudar a que la energía esté concentrada en el cliente, en escucharlo y en la presentación en lugar de la digestión, el 80% de la energía del cuerpo humano se utiliza en la digestión.

Recuerda que tus $úper Poderes se van a activar conforme cuides tu cuerpo y mejores tus hábitos, llega un momento en que cuando mejoras, la cantidad de bendiciones empieza a llegar como un río y es cuando te conviertes en $úper Vendedor.

> "La diferencia entre un $úper Vendedor
> y un vendedor del montón es el correcto
> uso de las herramientas básicas en la venta"
>
> *David Gaona*

¿Cómo te conviertes de cavernícola a $úper Vendedor?

Las ventas se realizan por una transferencia de emociones, por tanto, el control de éstas va a determinar la probabilidad de éxito. El cerebro se divide en dos, subconsciente y consciente, y el 98% de las decisiones las toma el subconsciente. Así que en su mayor parte la programación que nos hicieron de los 0 a los 10 años es la que toma las decisiones por nosotros. Entonces vamos a tener que trabajar en reprogramar esa programación negativa, para cambiarla por una de $úper vendedor.

La principal función del cerebro es llevada por nuestro cerebro reptiliano o mejor llamado el hipotálamo. Esta principal función es alejarnos del dolor y acercarnos al placer, imagínate que eres un cavernícola de la época prehistórica, lo único que podía hacer nuestro cerebro en ese tiempo (realmente siempre lo hace) era correr para poder preservar la existencia, el hipotálamo no piensa, sólo lleva a cabo su principal función.

Entonces lo primero que vamos a trabajar es que a tu cerebro subconsciente le empiecen a agradar las ventas, que sienta la necesidad de vender pues desde niños a la mayoría nos programaron de una forma negativa para las ventas.

¿Qué recuerdas que te decían de los vendedores o de las ventas cuando eras niño? Inclusive en la actualidad existe una aberración para los que nos dedicamos a esta apasionante y extenuante profesión.
Estas eran algunas de las frases que se dicen de los vendedores:

1. Te dedicas a ventas porque no estudiaste.
2. Tenías malas calificaciones y por eso te dedicaste a las ventas.
3. No hay trabajo entonces tienes que vender.
4. Las ventas son mal pagadas.
5. Los vendedores somos ladrones.
6. Los vendedores engañamos.
7. Los vendedores somos parranderos.

Así que lógicamente tu cerebro lo que hace es que cuando se acerca el momento de la venta le da dolor, entonces evita hacer la llamada, la agenda, el levantarse temprano, vestirse bien, hacer ejercicio, etc.

Yo digo, para hacerlo más expresivo, que sale el cavernícola que todos llevamos dentro, es esa programación negativa que tenemos desde niños y que no nos deja avanzar, que nos detiene y previene del dolor de que alguien nos diga algo porque nos dedicamos a las ventas, o el temor a ser rechazados y recibir el terrible NO que da tanto miedo en las ventas.

Una vez que detectas que las ventas te dan miedo y dolor, entonces tienes que empezar a hacer cosas y, sobre todo, cambiar pensamientos para convertirte en un $úper Vendedor y programar a tu hipotálamo para que ahora las ventas le causen placer. Aquí te paso un conjunto de decretos que debes de empezar a utilizar todos los días para programar el subconsciente como un $úper Vendedor:

Los decretos de $úper Vendedor

YO SOY un $úper Vendedor.
YO ayudo siempre a mis clientes y ellos siempre me recomiendan por mi excelente servicio.
YO SOY un excelente solucionador de problemas.
YO disfruto siempre las ventas.
YO SOY un imán del dinero.
YO atraigo siempre a clientes y personas que quieren hacer negocio conmigo.
YO pienso siempre en que todos ganemos.

Son 7 pasos que tienes que trabajar para programarte como un $úper Vendedor. Tienes que comprender que primero tienes que ser y luego vas a tener los resultados. Primero actúas como si fueras un $úper Vendedor y entonces tu cerebro va a empezar a convertir a tu cavernícola en un $úper héroe. Pero primero tienes que cambiar la forma en la que hablas, aquí te paso unos decretos para que empieces a repetirlos cada que te levantes y durante todo tu día. Repítelos constantemente y que sean parte de tu ambiente diario.

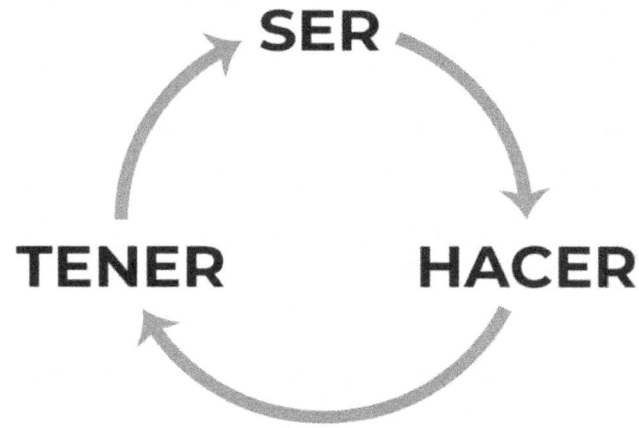

¿Qué debes hacer para programarte como un $úper Vendedor?

1. Vístete como un $úper Vendedor y usa decretos todo el tiempo. El sentirte que eres una persona de éxito es por una gran parte determinada por la forma en la que te vistes y en la forma en que hablas, como dice mi entrenador "si escuchas hablar a una persona por 5 minutos te puedes dar cuenta cómo van a ser los resultados por el resto de su vida."

2. Ve a un entrenamiento de ventas o de desarrollo personal mínimo cada dos meses. Este paso la mayoría de los vendedores no lo hacen o le dan poca importancia, pero el entrenamiento para mí es la diferencia entre ganar mil dólares en una venta y $100 mil dólares. Entrénate, y nunca escatimes, yo cada 2 años tomo los mismos entrenamientos para poder seguir creciendo como persona. **¡Entrénate con nosotros!**

3. Usa vocabulario de $úper Vendedor, las palabras son las que te programan para el éxito o para el fracaso, tienes que tener mucho cuidado con cada letra que salga de tu boca pues de esto van a depender tus resultados, maneja un léxico muy sofisticado, pero a la vez adaptable, para esto tienes que hacerte de palabras que puedas utilizar de acuerdo a la situación. Ten un listado de palabras de $úper Vendedor.

> Gracias · Amor · Bendiciones
> Agradecido · Salud · Por favor
> Sí puedo · Por favor · Amor · Salud · Gracias · Te quiero · Sí puedo · Agradecido · Amor
> Te quiero
> Gracias
> Te lo debo a ti · Gracias
> Bendiciones

4. Lee una hora diaria sobre ventas y escucha una hora diaria audio libros. Tienes que convertirte en una universidad rodante, compra todos los audio libros de ventas y de superación personal que puedas, aprende idiomas mientras vas en el carro, asegúrate que cada momento que vayas en el carro tengas algo que aprender, así es como yo he aprendido a hablar cuatro idiomas, en el carro y en mis viajes. Además, es importante que tengas tu biblioteca en tu casa, haz un lugar especial para tu aprendizaje.

5. Júntate sólo con amigos y personas que te hacen mejor. Tú eres el promedio de las 5 personas más cercanas y esto siempre tiene que estar en tu cabeza, como dice el dicho: "El que con lobos anda, a aullar se enseña" ten cuidado con quien pasas tu tiempo libre, escoge cuidadosamente tus amistades, tu pareja, tu entrenador. Haz un listado de gente que te va a hacer mejor. Cambia tu entorno, arregla tu cuarto como un $úper Vendedor. Tienes que hacer que tu ambiente te inspire al cambio para que puedas tener resultados, el ambiente igual que las personas que te rodean tienen todo que ver. Pon cuadros que te inspiren, que tu cuarto esté limpio, coloca frases y decretos por todo tu cuarto.

6. Contrata un entrenador especializado en ventas. Los únicos que tenemos entrenador somos los empresarios y los atletas de clase mundial, si quieres elevar tu nivel de ingresos y de rendimiento entonces tienes que contratar a alguien que te ayude a ganar lo que tú nunca has podido, en el mismo caso si eres atleta o como vendedor que casi es lo mismo. Asegúrate de entrenarte con el mejor del mundo y ¡Entrénate con nosotros!

7. Tienes que celebrar cada pequeño triunfo, sin importar si es grande o pequeño, tienes que gritar de alegría cada que vayas avanzando, esto va a hacer que tu cerebro subconsciente empiece a darle placer cada pequeño avance, cada detalle celébralo como nunca, esto es algo que solo hacemos los atletas y vendedores de alto rendimiento, celebrar y celebrarle a la gente a nuestro alrededor sus pequeños triunfos.

¿Por qué debes de tener una lista de logros?

Ahora lo que vas a hacer es una lista de logros de las 5 cosas más importantes que hayas hecho. Son cosas que, en tu corazón sepas, que te costaron trabajo y que te hacen vibrar el corazón, puede ser que terminaste la preparatoria, haber trabajado en tal empresa, poner tu negocio, haber hecho alguna maestría, algún viaje que hayas hecho, el haber comprado una casa, 5 cosas que celebraste en ese momento con mucho pundonor.

Una de las claves para ser un $úper Vendedor es que cuando estás muy bajo de energía o tienes alguna derrota tienes que hacerte 4 preguntas, que veremos más a detalle en otro capítulo, la primera es ¿Qué pasó?, me siento triste porque no vendí a esta persona, o me siento defraudado, me siento frustrado, tienes que encontrar el sentimiento que te aqueja en ese momento, la segunda es ¿Qué sí funciona?, siempre tienes que ver qué son las cosas buenas que tienes en la vida, en una derrota siempre haces cosas buenas y aparte tienes que recordar las cosas buenas que has hecho en general y es aquí donde debes de recordar los 5 logros que has tenido, estos van a hacer que te sientas mejor por el solo hecho de recordarlos. Esta pregunta va a hacer que la derrota no duela tanto y te recuerde que puedes hacer las cosas mejor. Después te preguntas ¿Qué no funcionó? Aquí es donde debes de hacer un plan de trabajo y al último te preguntas ¿Qué aprendí y qué voy a hacer diferente? Con esta última pregunta es cuando tu cabeza debe de empezar a revolucionar y comenzar a pensar en la próxima ocasión qué es lo que va a ocurrir.

¿Por qué tener un área de trofeos?

Ser un $úper Vendedor es muy similar que ser un atleta de alto rendimiento, como atleta tienes competencias, tienes entrenamientos, todos los días tienes juegos y hay reconocimientos constantes, como $úper Vendedor, tienes presentaciones, tienes expos, tienes entrenamientos y todos los días hay pruebas y reconocimientos.
De hecho, te puedo decir que me canso más teniendo una jornada completa de trabajo en ventas que estar haciendo ejercicio todo el día. ¿Por qué? Por todas las emociones que se manejan en las ventas, de hecho, se dice que es 5 veces más cansado.

Como $úper Vendedor entonces tienes que tener tu área de trofeos y reconocimientos, este lugar debe de ser algo para ti, debe de ser ese lugar especial que cuando, de solo observarlo, te empiezas a sentir con mucho poder. Debe de estar también al alcance de otra gente para que ellos sepan lo que tú has logrado, no con el afán de presunción sino con el objetivo de que cuando te sientas bajo de energía o estés pasando por una derrota (que como $úper Vendedor vas a pasar por muchas), sea menor el tiempo con la energía baja, además que otra gente te ayude también a poder salir del agujero o bache.

Es importante que comprendas que como $úper Vendedor necesitas estar siempre con la energía $úper alta para poder transferir a miles de personas tu emoción sobre tu producto o servicio, así que asegúrate de que te das siempre tus lujos o premios, tienes que aprender a tratarte bien. Porque en la venta tú eres la persona más importante.

¿Quién es la persona más importante?

Tú eres la persona más importante, tienes que comprenderlo, para ser un $úper Vendedor tienes que tratarte bien, tienes que ser para después tener, recuerda que las ventas es una transferencia de emoción y energía. ¿Así que cómo es posible que no te cuides tú y puedas hacer una venta? Pues es muy poco probable, tienes que cuidarte, tienes que ser bueno contigo mismo. Tienes que hacer ejercicio, comer muchas verduras y frutas (te recomiendo la trofología para una dieta de $úper Vendedor), tomar 2 litros de agua mínimo, tienes que hacer que tu cuerpo y tu carácter tengan muchísima energía para poder transmitirla a miles de personas, por esto es fundamental el que cuides tu cuerpo, espíritu y mente. Duerme tus 6 horas diarias mínimo, haz meditaciones, recuerda que como vendedor estamos expuestos a muchas fiestas y tentaciones como el alcohol y otros vicios, pero tú eres un $úper Vendedor, tú eres diferente, si vas a ir a una fiesta por favor cuídate y evita tomar o toma lo menos posible, cuídate, cuida de tu cuerpo, de tu mente, espíritu y tu reputación sola va a cuidarse.

"Tú eres la persona más importante, tienes que comprenderlo, para ser un $úper Vendedor tienes que tratarte bien, tienes que ser para después tener, recuerda que las ventas es una transferencia de emoción y energía."

David Gaona

¿Por qué debes de pedir ayuda a tu creador?

La verdad es que tenemos que comprender que ayuda divina siempre vamos a necesitar sobre todo porque como $úper Vendedores somos unos soldados de Dios, nuestro objetivo es servir y ayudar a nuestros semejantes, entonces no está de más el que le pidas ayuda a tu creador para que te vaya bien. Así que te paso una oración que yo utilizo todos los días para poder conectarme con mi creador, léela antes de dormirte y después de despertarte.

Oración del $úper Vendedor

Mi Dios, Creador de todas las cosas gracias por ayudarme a tener siempre en mente mis metas.

Gracias por la habilidad para aprovechar mis oportunidades, enseñarme a conquistar con palabras y a prosperar con amor.

Gracias por ayudarme a vivir el hoy como si fuera el último, por guiar mis palabras para que sean fructuosas y disciplinarme para nunca darme por vencido.

Gracias por abrirme los ojos para ver cada oportunidad, por enriquecerme con buenos hábitos y por darme paciencia y persistencia para lograr cada meta que me propongo.

Gracias por ayudarme a vender más de mis productos y servicios, ya sea por teléfono, por internet o persona a persona, para hacerlo de manera sencilla y fluida pues mis clientes y prospectos me contestan con facilidad y me buscan de manera constante para requerir de más de mis productos.

Gracias por ayudarnos a vender cada vez más de nuestros productos y con ellos ayudar a más gente, por abrirnos más y más puertas y proveernos de más mercados en todo el mundo.

Gracias por ayudarnos a incrementar las ventas con nuestros clientes actuales y a aumentar nuestra cartera de clientes de una manera fluida, sencilla y por recomendación.

Gracias por ayudarnos a cumplir y exceder las necesidades de nuestros clientes y que ellos sean nuestros mejores vendedores debido a nuestro excelente servicio.

Te doy gracias por todo lo que me das y lo que viene pues sé que todo el éxito te lo debo a ti y por eso te agradezco y ejecuto cada acción sabiendo que tú me guías en cada paso.

Para mí este mundo está diseñado muy justamente, todo se comporta similar a la naturaleza, ¿qué quiero decir con esto? Si estás sembrando semillas de limón, lo que va a ocurrir es que después de un periodo de tiempo vas a empezar a ver que van a crecer árboles de limón, y si sigues cuidando el árbol, que le dé el sol, le das agua, le hablas bonito (isí tienes que hablarle bonito!), lo cuidas de que no crezcan malas hierbas, le pones fertilizante, le vuelves a dar agua, le sigue dando sol, le sigues hablando bonito (si te fijas sigo haciendo énfasis en que le hables bonito), entonces, después de como 3 años empiezas a ver que te da uno o dos limones, te estoy hablando por experiencia, (acabo de sembrar un árbol en el patio de mi casa). Entonces después de un periodo de tiempo que siembras en el caso de los negocios y en las ventas vas a ver resultados, pero después de todos los días estar haciendo las cosas, estar haciendo las llamadas, de leer, de estudiar, de hacer ejercicio, de hacer contactos, de haber hecho presentaciones, va a a llegar un momento en el que todo empieza a florecer.

Si en este momento estás ganando mil dólares por mes en lugar de mil dólares por hora, vengo a ser muy duro para decirte que ite lo mereces!

Si te pagan mil dólares es porque puedes resolver problemas tipo 1, entonces esta vida es muy justa, siembras y cosechas, entonces si quieres que tu ingreso aumente tienes que empezar a resolver problemas tipo 2 para que te paguen dos mil dólares, pero tienes que comprender que para convertirte de una persona tipo 1 a una persona tipo 2 va a haber mucho dolor y crecimiento pues tienes que empezar a resolver problemas más grandes, no es lo mismo resolver un problema de 1 persona a resolver problemas de 2 personas y esto es exactamente lo que pasa si quieres ganar más dinero, o en el caso de las ventas vender más, pues los problemas que tienes que resolver se van a incrementar. Así que prepárate para crecer.

> **"Recuerda que si quieres ganar más tienes que aprender a resolver los problemas de otras personas de una manera muy eficiente."**
>
> *David Gaona*

Una vez que puedes resolver un problema tipo 2, los problemas tipo 1 se convierten en oportunidades, pero solo después de haber soportado la presión y el dolor, una vez que ya puedes resolver problemas tipo 2 todo cambia. Pero siempre existen los problemas tipo 3 a los cuales no estabas acostumbrado, si eres tipo 2 y por lo cual te pagan 2 mil dólares esos problemas los ves como inmensos e imposibles de resolver, los problemas tipo 3 son la oportunidad de crecer pero siempre va a ser a través de crecimiento y de dolor, entonces tienes que comprender que si quieres crecer y ganar más tienes que resolver problemas más grandes y entonces es cuando por ley natural
(siembras una semilla de limón entonces recibes un limón) vas a empezar a recibir mejores pagos por tus servicios.

Te pongo un ejemplo yo por una hora de asesoría cobro 3 mil dólares, ¿por qué?, porque la empresa que contrata nuestros servicios sabe que va a generar más de 3 mil dólares si nos contrata, entonces el cliente está dispuesto a pagar porque sabe que le vamos a ahorrar mucho más de lo que esta invirtiendo. Nosotros resolvemos problemas de decenas de millones de dólares y por eso cobramos lo que cobramos.

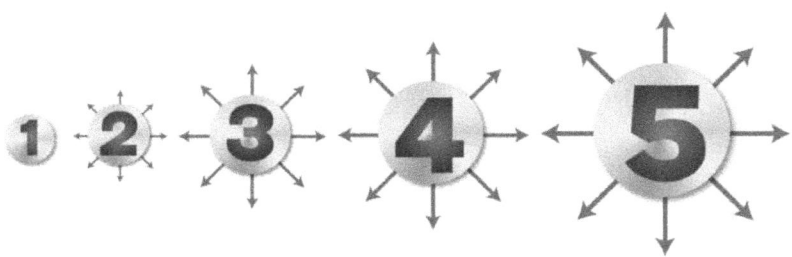

> **"Llega un momento que con entrenamiento los problemas dejan de serlo y se convierten en oportunidades."**
>
> *David Gaona*

Mientras más problemas resuelvas más vas a poder ganar, por lo tanto tienes que volverte un experto solucionador de problemas y como explica la gráfica de abajo, si resuelves los problemas de otros de manera muy eficiente entonces tienes la posibilidad de hacerte muy rico pues como dice Emerson:

> "Eres directamente recompensado por el valor
> que entregues al mercado."
>
> *Emmerson*

Siempre que existan problemas recuerda que estás vivo, agradece a tu creador por la oportunidad y pídele que te vuelva mejor persona para poder resolver más problemas y cada vez más grandes; nunca le pidas que resuelva los problemas por ti, pídele que te dé salud y fuerza para resolver problemas cada vez mayores.

De eso se trata cada que tengas un problema enfrente tuyo lo tomes y lo resuelvas, enfócate en hacerte mejor y te vas a dar cuenta cómo el Universo te va a dar las herramientas para poder resolver éste y progresivamente resolver problemas más grandes.

> "Nunca le pidas a tu creador que resuelva los problemas
> por ti, pídele que te dé salud y fuerza para resolver problemas
> cada vez más grandes."
>
> *Jim Rohn*

¿Cuál es la importancia de la disciplina?

Para ser un $úper Vendedor y resolver muchos problemas tienes que tener disciplina, es hacer lo que tengas que hacer no importando si tengas ganas o no, ni cómo esté el clima para cumplir tus metas con integridad, esto es lo que hace la diferencia entre un vendedor promedio y nosotros, nosotros hacemos que las cosas pasen, vamos por todas nuestras metas y nunca paramos, somos diferentes, llegamos primero a nuestras citas, nos estamos entrenando, somos los que estamos siempre empujando por todo lo que queremos y hacemos lo que tengamos que hacer por lograrlo. Nunca nos damos por vencidos, puede ser que no ganemos todas las batallas ni vendamos siempre pero siempre damos el máximo y somos $úper disciplinados.

> "Disciplina es hacer lo que tengas que hacer
> no importando si tengas ganas o no, ni cómo esté
> el clima para cumplir tus metas con integridad."
>
> *David Gaona*

¿Cuál es la primera venta que tienes que hacer?

En la venta siempre hay 2 tipos, la primera es la venta con uno mismo y la segunda es la venta con tu cliente, la primera venta es la más importante, en la medida que tú vendes a tu propia persona la idea de que te gusta tu producto, tu servicio, te gustas a ti mismo, es en la medida que crece tu autoimagen o autoconcepto. Esta autoimagen es como si tú estuvieras fuera de tu cuerpo y te vieras por fuera, ¿qué dirías de ti mismo?, ¿te gustarías?, ¿tú mismo te comprarías?, ¿te gusta tu producto?, ¿te gusta tu servicio?, ¿estás destinado o destinada para el éxito?, si alguna de estas preguntas la contestaste negativamente entonces tienes que trabajar en tu autoconcepto, tienes que trabajar en la autoconfianza porque este tipo de cosas el cliente las observa, las huele y las siente.

El autoconcepto aumenta conforme nuestros hábitos mejoran, el hacer ejercicio, el leer libros, el comer sanamente, el vestirse bien, todo lo que hemos estado revisando en este libro, hablando de las ventas primero tienes que trabajar mucho en mejorar tu persona y tu autoconcepto, en la medida en que lo hagas tus ventas van a aumentar.

De hecho, si quieres llevar tu autoconcepto a otro nivel te quiero invitar al taller de Piensa como Campeón donde te enseñamos a estructurar tus metas y objetivos como lo hacen los grandes empresarios. Además, en este taller ayudamos a que enfrentes muchos de tus miedos de manera muy poderosa pues hacemos caminata sobre vidrios y sobre fuego. Aquí puedes ver más sobre el taller y pedir información. www.ucalle.com.
¡Entrénate con nosotros!

Empresario Alto Rendimiento
www.empresariodealtorendimiento.com

Poderes de $úper Vendedor

1. Haz que las ventas sean un pasatiempo para ti.

2. Lee libros de desarrollo personal y usa este libro como biblia de las ventas, asiste a talleres, puedes ir a los nuestros www.ucalle.com y sigue entrenándote, escucha audios mientras vas en el carro.

3. Vestimenta y estado físico: El uso de la vestimenta adecuada en el momento correcto es fundamental, tienes que aprender a que tienes que mimetizar a tu cliente, aprender a usar la vestimenta que ellos utilizan o esperan que estés utilizando. Haz todos los días por lo menos 45 minutos de ejercicio, 100 lagartijas y 100 sentadillas mínimo diariamente, recuerda que tienes igual o más desgaste que un atleta de alto rendimiento y la energía que requieres para ganar lo que sueñas es mucha.

4. Haz en tu casa una parte especial en algún cuarto o en la sala, utiliza una pared y cuelga todos tus reconocimientos y diplomas que hayas obtenido, esto es $úper importante para que te recuerdes cuando las cosas no andan tan bien que eres un campeón, usa decretos como "Yo soy un $úper vendedor" (puedes encontrar otros aquí al final del libro).

5. Oración: Reza y habla con la inteligencia infinita todos los días y haz que tu creador sea tu socio, pídele que te ayude a vender más y agradece por todo lo que te da y lo que ya viene en camino.

6. Películas y música: Ten un listado de canciones positivas que te motiven y que hagan que te sientas muy bien, además de las películas que te hacen cambiar de estado de ánimo en cuanto las veas.

7. Metas por escrito: Ten 50 cosas que quieres lograr en una libreta especial, usa la metodología SMART+ y ten esa libreta cerca de ti todo el tiempo. Reescribe tus metas todos los días, eso te va a ayudar a tenerlas presentes todo el tiempo.

PODER = INFORMACIóN + ACCIóN

3

" Digamos que te tienes que convertir en el mejor amigo de tu cliente. "

David Gaona

¿Antes de vender por qué debes generar confianza?

La creación de confianza

1. ¿Cómo conviertes a alguien desconocido a conocido?
2. ¿Cuáles son los miedos de los clientes?
3. ¿Cómo conviertes alguien conocido a amigo y de amigo a cliente?
4. ¿Cómo conviertes a un cliente a cliente vendedor?
5. ¿Qué es la ley de compensación?
6. ¿Por qué eres un asesor?
7. ¿Por qué tienes que ser un producto de tu producto?
8. Poderes de $úper Vendedor

¿Cómo conviertes a alguien desconocido a conocido?

El primer paso es de desconocido a conocido. En la actualidad como dice el señor Seth Godin y otros expertos mundiales en marketing y en ventas, se vuelve más interesante y diferente el arte de influenciar y ayudar a la gente. Año con año debes de tener innovaciones en cuanto a lo que el cliente está buscando, es por eso que debes de comprender que la creación de la confianza no es como hace unos años, ahora con el uso de la tecnología y tanta información que se encuentra en internet, la competencia es muy grande pues actualmente puedes comprar con solo hacer un clic y el producto es mandado desde China a Estados Unidos y en cuestión de días te llega la transportación, además existen miles de personas que ofrecen el mismo producto o servicio. Por eso la primera tarea en la creación de confianza de los 4 pasos que existen es el de convertir a alguien desconocido a conocido. Esta primera instancia es la más importante de todas, la mayoría de las ocasiones este es un paso que los vendedores pasan por alto, siendo este el más importante de los 4. Lo que tienes que comprender es que solo algunas veces se va a vender a alguien desconocido, yo pienso que en un 20 a 30%, el resto tienes que empezar a hacer una relación de amistad con tus clientes.

Es como cuando empiezas una relación de pareja, si te gusta la persona van a pasar una serie de citas mientras se van conociendo, después si los dos están de acuerdo y después de 5 a 6 veces que hayan salido, es probable que empieces una relación de pareja, ¡entiende después de 5 citas mínimo!

¿Qué diferencia tiene esto con la relación con un cliente? Ninguna, es exactamente lo mismo, antes de que le vendas a un cliente van a pasar un promedio de 20 a 30 citas para que puedas crear la suficiente confianza. No antes, tienes que tener ese número en la cabeza y no buscar vender sino crear confianza para establecer una relación a largo plazo.

¿Cuáles son los Miedos de los clientes?

Recuerda que el cliente tiene miedos y primero tienes que ayudarle a crear confianza y así ir disolviendo los miedos que lo previenen de poderte comprar.
Cuando un cliente valora una oferta de venta, suelen aparecer una serie de temores que condicionan su decisión. Procura conocerlos de antemano y darles una respuesta adecuada para incrementar las posibilidades de cerrar la venta. Aquí te los resumimos.

1. Miedo a equivocarse. El principal temor de un cliente a la hora de adquirir un producto o servicio es no elegir correctamente. Para evitarlo, analiza bien sus necesidades y ofrécele una solución adecuada.Miedo al cambio. Cuando la venta implica cambiar de proveedor o de forma de trabajar, surge la resistencia al cambio y la nostalgia de la solución anterior. Destaca las ventajas que aporta el nuevo sistema.

2. Miedo a trabajar más. Muy ligado al miedo al cambio, es el temor a que la decisión de compra les complique la vida. Redúcelo facilitándoles al máximo la transición y proporcionando un buen soporte postventa.

3. Miedo a pagar más. Especialmente los compradores poco experimentados pueden tener la sensación de que su ignorancia supone un sobrecosto. Tranquilízales comparando tus precios con otras soluciones.

4. Miedo a comprometerse. Los temores al cambio, el sobrecosto, etc., se agravan cuando la compra supone compromisos a largo plazo. Una garantía de devolución o cancelación por insatisfacción disipará este temor.

5. Miedo a no dimensionar bien. También es habitual el temor a elegir una solución demasiado grande o demasiado pequeña para sus necesidades, que puedes combatir ofreciendo la posibilidad de cambiarla en el futuro.

6. Miedo a ser criticado. El comprador también puede temer que sus responsables, compañeros, clientes, etc. cuestionen su elección. Así que facilítale argumentos para defender su decisión ante ellos.

7. Miedo al conflicto. Finalmente, el cliente puede mostrar resistencia si la compra supone enfrentarse a su antiguo proveedor. Disuádele asesorándole para cancelar su contrato anterior de una forma amistosa.

¿Por qué un cliente deja de comprar?

En la gráfica de arriba se muestra cuál es la principal causa por la que un cliente deja de comprar, principalmente es por el mal servicio que se le presta, por la falta de comunicación. Esa es la principal causa, recuerda que el cliente tiene miedos como cualquier persona, en la medida en que tú le ayudes a su cabeza a superar los miedos entonces es cuando va a comprarte, tiene que sentir la confianza de que contigo va a tener lo que está esperando y le vas a cumplir su necesidad cualquiera que sea con tu producto o servicio.

¿Cómo conviertes alguien conocido a amigo y de amigo a cliente?

El segundo paso en la creación de confianza es convertirlo de conocido a amigo, después de una serie de 10 a 15 citas la persona o el cliente se va a empezar a sentir identificado contigo, recuerda que cualquier persona realmente siente el interés de que le quieres ayudar así que asegúrate que sea lo más genuino posible, piensa cuando has hecho una amistad, ¿cómo la hiciste?,
¿fue por tener hábitos en común, pasatiempos, información?, así que trabaja en que la otra persona se sienta a gusto contigo, "desinteresadamente" piensa en cómo ayudarle y hacer química con la otra persona.

El tercer paso en la creación de confianza es convertirlo de amigo a cliente, después de un número de citas, llamadas, conversaciones, empieza ahora sí la venta de tu producto o servicio, la primera parte y las primeras citas fueron para que tú le des confianza, para que comprenda que lo que estás haciendo es muy valioso y quieres una relación a largo plazo, aquí es donde empiezas a capitalizar esa amistad con tus productos o servicios.

En este punto es donde comienzas a hacer las presentaciones, sabes exactamente donde puede ayudarle a tu amigo lo que tú ofreces, sea en su vida personal, negocio, o donde tú veas la oportunidad de poder servirle, entonces es tu obligación el satisfacerle esa necesidad.

¿Cómo conviertes a un cliente a cliente vendedor?

El cuarto paso es convertirlo de cliente a cliente vendedor, una vez que tu amigo se convierte en cliente y le das el servicio que le darías a tu mejor amigo, entonces es cuando le puedes empezar a pedir que si te puede ayudar con otros amigos que te ayuden con la venta. Te vas a dar cuenta que tu cliente sin necesidad que le comentes nada te va a empezar a recomendar, pero es importante recalcar que tienes que mantener la amistad. Los clientes igual que los amigos se pierden principalmente por falta de comunicación, así que establece un canal constante, no te puedo decir que diario, pero al menos semanalmente algo informal, como una llamada o un correo y mensualmente una comida o una visita a la oficina, mantén tus clientes de la misma forma que mantienes una amistad.

> **"Los clientes, igual que los amigos, se pierden principalmente por falta de comunicación."**
> *David Gaona*

Como un $úper vendedor esta es la herramienta principal, que trates a tus clientes como tus mejores amigos. Si estás pensando que no los tienes entonces ahora es el momento, tienes que trabajar en mejorar tus relaciones con las personas que tienes alrededor, para que tus ingresos en ventas aumenten. Así que tienes que comprender que por ley vas a recibir una compensación por el trato que les estás dando a tus clientes.

¿Qué es la ley de compensación?

¿Sabías que hay una Ley eterna de la compensación? El filósofo Ralph Waldo Emerson en su ensayo sobre la compensación, dice: Toda acción lleva en sí su recompensa, dicho en otras palabras, se integra en una forma dual, acción y recompensa. La Ley de la compensación puede obrar en nuestro beneficio o en nuestro perjuicio según sean nuestros actos. Tarde o temprano llega la compensación, tal vez pasen varios años, pero llegará el momento del castigo o el premio. El castigo o el premio pueden venir mucho tiempo después de cometido el delito o la buena obra realizada, pero siempre llegará, porque la acompaña.

Causa y efecto, medios y fines, semilla y fruto, no pueden ser separados, porque el efecto siempre florece de la causa. Siempre hay una tercera parte en todos nuestros tratos. La naturaleza y el alma de las cosas toman a su cargo la garantía del cumplimiento de todo contrato, con lo cual la honradez no se puede perder. Cada golpe tendrá que ser pagado. Y mientras más se tarde el pago, mejor para quien lo espera, ya que un interés compuesto multiplicado por sí mismo, es la proporción que emplea para pagar ese divino tribunal. La tercera y silenciosa parte es la fuerza invisible que en su eterno actuar asegura que todo contrato celebrado con el mundo se vea cumplido.

Por eso las compensaciones de la adversidad aparecen claras al entendimiento, después de largos intervalos de tiempo. Sigue
diciendo Emerson, "Todo exceso causa un defecto, todo defecto
causa un exceso, no hay dulce que no tenga algo de acidez, ni maldad que no contenga algo bueno. Por cada cosa de que se haya privado uno, se habrá ganado otra y por algo que se gana ocurre una pérdida semejante. Si los bienes de la fortuna aumentan, a la vez aumentan las exigencias. Siempre ocurrirá alguna circunstancia niveladora que coloca al fuerte, al rico, al afortunado, esencialmente sobre el mismo plano que los demás hombres".
Todo pensamiento que emite nuestra mente, sea bueno o malo, retornará a su tiempo, grandemente multiplicado, para maldecirlo o bendecirlo según haya sido su naturaleza original.

"Todo exceso causa un defecto, todo defecto causa un exceso, no hay dulce que no tenga algo de acidez, ni maldad que no contenga algo bueno."

Emerson

Es una Ley de la naturaleza el crecer afirma Emerson. Al respecto comenta que dicho crecimiento a menudo abarca adversidades de muchos tipos, pero estos contratiempos a menudo sirven para poner término a algún periodo de la vida que necesitaba ser cerrado. Así mismo, la adversidad interrumpe determinados modos de vida y nos ayuda a elaborar otros nuevos que quizá sean necesarios para nuestro adelanto. La persona que ha sido templada en el infortunio, se convierte en un ser más fuerte que puede hacer más por sí mismo y por los demás. Por eso con razón afirma Napoleón Hill "A toda adversidad corresponde un beneficio equivalente o mayor". Y Víctor Hugo dice: "Dale al mundo lo mejor que tienes y lo mejor retornará a ti, porque la vida es como un espejo, solo refleja lo que damos". John Wesley, por su parte afirma: "Haz todo el bien que puedas, de todas las maneras que puedas, en todos los lugares que puedas, en todas las ocasiones que puedas, a todas las personas que puedas, y durante todo el tiempo que puedas". Dicen que el Lema rotario es el siguiente: "Dar de sí, antes que pensar en sí".

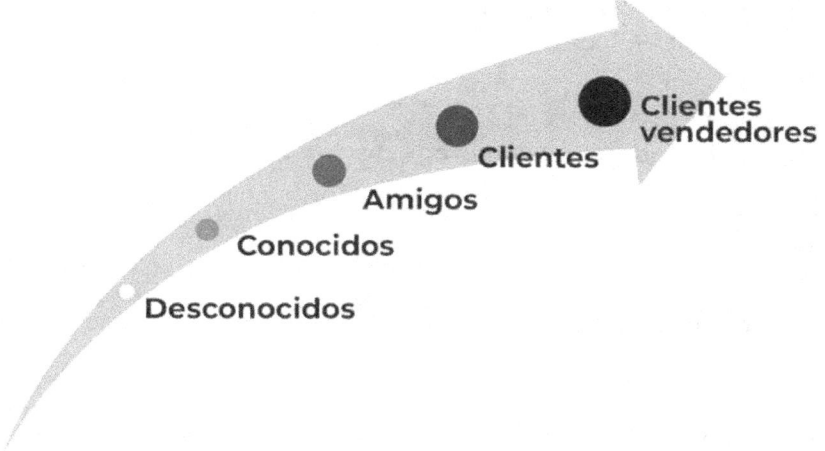

"Piensa que eres como un recurso adicional para tus clientes: un consultor, un consejero, un mentor, un amigo y no solo como un simple vendedor."

Brian Tracy

¿Por qué eres un asesor?

Una vez que el cliente sabe que tu objetivo es ayudarle, él te va a empezar a ver como un asesor, eres para él un apoyo, una persona en la cual puede confiar, no solamente le vas a vender esto va a hacer que tú te conviertas en su asesor personal, en su amigo.

Un asesor no vende, sus acciones venden por él; porque es una persona que se preocupa por su cliente o por la persona que asesora, asegúrate que te vean como un asesor.

> *"Un asesor no vende, sus acciones venden por él."*
> *David Gaona*

Un asesor es un profesional de las ventas que:

1. Ve a los clientes a largo plazo.
2. Asesora en la mejor solución para el cliente, inclusive a veces por encima de nuestros productos o servicios.
3. Se interesa por los clientes y sus empresas.

¿Por qué tienes que ser un producto de tu producto?

Una de las formas más rápidas también de generar confianza es que tú seas un ferviente admirador de tu producto, existen muchos vendedores que quieren vender su producto sin ni siquiera ellos consumirlo o utilizarlo. Esto es algo muy incoherente y peligroso porque las personas son muy inteligentes y tus clientes más todavía así que ¿cómo le quieres vender a alguien si tú ni siquiera crees en lo que vendes?

Por ejemplo, si vendes carros de marca Honda y tú utilizas un Chevrolet, por la razón que me vayas a decir, esto significa que realmente no quieres tu producto, es más, tu cliente lo huele, él sabe que tú no crees en los carros Honda, tú crees en los carros Chevrolet, tu probabilidad de venta con este tipo de acciones disminuye.

Tienes que ser un producto de tu producto, tienes que amar lo que vendes, si son cremas usarlas, si son carros tener tu carro propio, si das un servicio tienes que ser un admirador empedernido de tu producto, tienes que ser tu propio fan.

En la medida que tú seas un producto de tu producto tu confianza va a aumentar y esto va a hacer que vendas más automáticamente.

Recuerdo una ocasión cuando vendía multinivel, tenía una persona en mi red que tenía 2 años trabajando muy duro, haciendo presentaciones diarias y no podía despegar en su negocio, nunca había ganado más de $2 mil dólares en su negocio, cuando trabajaba con él le empecé a cuestionar varias cosas, una de las principales razones por las que no despegaba, era que él no usaba el producto que promocionábamos, recuerdo que se molestó conmigo y me dijo que no tenía dinero, que el producto era demasiado caro, me dio todas las objeciones que sus clientes le daban a él, hasta que le pude vender, le pedí que comprara el producto inmediatamente, a lo que él se negó, le dije: o lo haces o lo haces, tienes que entender que no has vendido por que tú no crees en el producto.

Te lo acabo de decir, una vez que le vendí, a la semana le llegó su producto, lo empezó a consumir y al mes ya estaba ganando casi $4 mil dólares, aquí el problema no era el trabajo duro, sino que el vendedor no creía en su producto.

> *"En la medida que tú seas un producto de tu producto tu confianza va a aumentar y esto va a hacer que vendas más automáticamente."*
>
> *David Gaona*

Poderes de $úper Vendedor

1. La palabra más dulce que la persona va a escuchar es su nombre, para poder crear confianza o empatía con una persona tienes que buscar hablarle por su nombre, por lo menos en un minuto tienes que decir su nombre 1 vez, esto va a hacer que la persona empieza a crear familiaridad contigo.
2. Cállate, así es lo entendiste bien, tienes que comprender que lo que menos tienes que hacer para impresionar a alguien es hablar, más bien es escuchar lo que la otra persona quiere decir, una de las necesidades principales de los seres humanos es el ser escuchados y valorados.
3. Haz preguntas para poder empezar la conversación, asegúrate que se las hagas sobre lo que te esté platicando, si te habla de futbol, háblale sobre futbol, si te habla de negocios entonces sobre negocios, es importante que él sepa que sabes de lo que le estás hablando.
4. Pon atención, cero distracciones mientras hablas con la persona, evita usar celular o estar mensajeando, de preferencia apágalo mientras platicas, recuerda que ahora en día somos pocas las personas que realmente ponemos 100% de atención cuando se entabla una plática, así que sé un $úper vendedor y hazlo sentir que es lo más importante para ti en ese momento.
5. No le busques vender en la primera cita a menos que te lo pida, la venta es un arte y tienes que darte a desear, recuerda que van a pasar un número de citas hasta que le puedas vender a un desconocido a menos que la persona te lo pida, un $úper vendedor tiene paciencia.
6. Háblale de lo que le interesa, si puedes investigar desde antes cuáles son los intereses de la persona, aprende de su negocio, echa un vistazo alrededor de la oficina o de su entorno, platica y haz preguntas sobre lo que ves alrededor.
7. Sinceramente busca cómo ayudarle, aunque sea con algo sencillo pero que sea sincero, si ves que tiene muy limpia la oficina, díselo, si ves que está arreglada o le gusta vestir bien coméntaselo, es importante que trabajes para que cuando digas algo bueno a alguien sea de corazón y con la intención de reconocerle. Haz cosas sencillas recuerda que Dios está en los detalles.

PODER = INFORMACIóN + ACCIóN

4

"La diferencia entre un $úper Vendedor y un vendedor del montón es el correcto uso de las herramientas básicas en la venta."

David Gaona

¿Por qué debes de usar un sistema para vender?

El Sistema de Ventas

1. ¿Por qué usar el sistema de ventas CIPASA?
2. ¿Cuál es el peor error de ventas?
3. ¿Cómo atraer a un equipo campeón?
4. ¿Cómo contratar un vendedor?
5. ¿Qué significa comprar clientes?
6. ¿Cuál es la fórmula para medir cuánto te cuesta un cliente?
7. ¿Qué vocabulario usa un $úper Vendedor?
8. Sistema CIPASA de ventas
9. ¿Cómo saliste con tu evaluación?
10. ¿Cuál es la importancia de la medición diaria de todo el sistema?
11. Poderes de $úper Vendedor

¿Por qué usar el sistema de ventas CIPASA?

El sistema de ventas que vamos a presentarte aquí tiene muchos años funcionando, se llama el CIPASA, solo tiene algunas variaciones y adaptaciones, mejorado con base a mis experiencias y miles de presentaciones que he hecho con clientes y por supuesto después de millones de dólares en ganancia. Pero quiero que comprendas que esto es lo que hacemos los $úper vendedores de una forma magistral. Primero tienes que entender antes de pasar al sistema de ventas que nunca falla. Lo primero es que debes de tener un plan por escrito de las ventas, debes de manejar un presupuesto anual. ¿Cuánto es tu meta vender por mes de aquí a finales de año?, por producto, por vendedor, por zona, etc. De ahí empieza todo de tu meta como vendedor.

¿Cuál es el peor error de ventas?

La mayoría de las empresas y vendedores amateurs fallan desde el principio porque no tienen un plan por escrito de ventas, este paso es el fundamental, de aquí es donde se derivan todos los planes de acción, mercadotecnia, producción, entrenamiento, alianzas, planeación estratégica, esta es la cabeza de la empresa y lo que da la dirección a la mayoría de los departamentos, en caso de que no tengas una empresa es donde tú mismo te das una dirección de hacia dónde quieres ir y donde te ves de aquí a un año.

Ahora, si realmente quieres empezar como todo un profesional entonces haz un plan estratégico de 5 años, contesta las siguientes preguntas:

1. ¿Cómo me veo como vendedor de aquí a 5 años?
2. ¿Cuánto me gustaría ganar?
3. ¿Qué productos me gustaría vender?

Como empresa:

1. ¿Cuánto me gustaría vender?
2. ¿Con qué productos?
3. ¿En qué mercados?
4. ¿Cuántos empleados?

Haz un plan completo y la estrategia correspondiente, como si tuvieras una varita mágica, ahora si tienes duda de cómo hacer un plan estratégico, entonces te recomiendo que contrates a alguien que pueda ayudarte. En www.iexito.com nosotros te podemos ayudar para poder darle forma a este plan, tenemos coaching para empresarios, o puedes acudir a algún curso con nosotros en donde te podemos orientar. ¡Entrénate con nosotros!

Ya que tengas tu plan de cuánto vas a vender de aquí a 1, 5 y 10 años entonces tienes que trabajar en sistematizar el proceso de ventas, encuentra cuáles son los procedimientos claves dentro de la empresa o de tu proceso si eres vendedor independiente.

Usualmente son 8 procesos:

1. Procedimiento de atracción de vendedores y plan de capacitación.
2. Procedimiento para prospectar.
3. Procedimiento para identificar las necesidades.
4. Procedimiento para la presentación.
5. Procedimiento para cierres y contestar objeciones.
6. Procedimiento de seguimiento al cliente.
7. Procedimiento de cobranza.
8. Procedimiento para pedir referencias y testimonios

¿Cómo atraer a un equipo campeón?

Ya que tienes un plan de metas por escrito y tienes tus procedimientos de ventas, tienes que empezar con la primera parte del proceso de ventas que es atraer a un equipo campeón de $úper Vendedores que tengan los valores adecuados, esta parte es una de las más importantes si tienes un grupo y quieres que tu empresa o tu negocio incremente considerablemente las ventas. Primero asegúrate que la persona tenga el perfil de ventas que estás buscando, puedes ponerle evaluaciones psicométricas -para asegurar que sea la persona adecuada en cuanto a lo técnico-, o de medición de habilidades y valores. Una vez que tengas al equipo adecuado asegúrate de que tengas un plan de capacitación donde hagas a los vendedores todos unos campeones, yo prefiero formar personas y vendedores a tener a alguien ya instruido. Es algo que les copié a mis entrenadores deportivos, ellos preferían empezar de cero con jugadores novatos pero que fueran $úper
comprometidos a con un grupo de veteranos con malos hábitos, esto ha resultado en el caso de mi coach Nacho Moreno en más de 30 campeonatos en 25 años que ha sido entrenador deportivo.

"Es preferible tener un equipo de novatos con poco talento, pero con la mejor actitud y valores, a tener un equipo de veteranos con el talento, tpdró con poca acti

David Gaona

4 herramientas para tener un equipo campeón:

1. Tener una meta en común por escrito.
2. Que exista un código de honor por escrito con reconocimientos y consecuencias.
3. Plan de entrenamiento y estrategia por escrito y mensual.
4. Seguimiento y retroalimentación diaria.

Puedes también leer otro de mis libros y audiolibros que se llama: **Las 7 pasos para formar un equipo campeón.**

Tienes que tener una escuela de ventas dentro de tu empresa, y si solo tú eres el vendedor entonces tienes que hacer un plan de capacitación continua para que te conviertas en un $úper Vendedor. **¡Entrénate con nosotros!**

Además, quiero que comprendas algo, como dice el señor Henry Ford:

"Lo más costoso no es que entrenes a tu equipo de trabajo y se vayan, sino que no los entrenes y se queden contigo para siempre."

Entrena a tus vendedores, entrénate tú mismo, haz tu plan de capacitación, un $úper vendedor está en constante entrenamiento. Tienes que comprender que todo cambia, no eres el mismo año con año, por eso la importancia de capacitarte mensualmente, yo lo hago tomando los mismos entrenamientos cada tres años.

¿Por qué? Porque no es lo mismo que ganaba hace 3 años, todo ha crecido, mis problemas y mis soluciones han aumentado junto con mis ingresos, entonces, aunque en teoría el entrenamiento es el mismo, yo no lo soy, por lo tanto veo desde una muy diferente perspectiva. Haz un plan de capacitación de acuerdo a tus metas, no de acuerdo a tu presupuesto. ¡Entrénate con nosotros!

¿Cómo contratar un vendedor?

1. Asegúrate que lea y que sea autodidacta.
2. Que tenga hambre de querer hacer más. Tiene que ser ambicioso.
3. Por comisiones, págale por sus resultados 20% sueldo fijo y 80% por resultados.
4. Que tenga muy alta energía y buenos hábitos como hacer ejercicio, meditar, etc.

> **"Haz un plan de capacitación de acuerdo a tus metas,
> nunca de acuerdo a tu presupuesto."**

David Gaona

Además de invertir en tener un equipo campeón, dar un entrenamiento y capacitación de primer mundo a tus empleados y vendedores, o para ti en caso de que seas independiente, tienes que invertir en adquirir buenos clientes.

¿Qué significa comprar clientes?

Simple y sencillo, tienes que tener un plan de publicidad o mercadotecnia, tienes que saber cómo vas a atraer a tus clientes, por lo tanto, una lista de actividades que te ayuden a poder tener clientes constantemente y que tengan la necesidad y el dinero para poder comprar tu producto o servicio.

> **"Una publicidad no medida es un gasto, si la mides
> y sabes cuánto te cuesta el vender a cada
> uno de tus clientes entonces es una inversión."**
>
> *Philip Kotler*

¿Cuál es la fórmula para medir cuánto te cuesta un cliente?

Tienes que saber cuánto te cuesta atraer un cliente nuevo. Es importante comprender y analizar esta información todo el tiempo pues de este debe de depender cuánto es lo que vas a asignar al presupuesto de ventas, y lo más importante, vas a saber cuál es la forma más efectiva para atraer clientes a tu empresa.

Tienes que tener la siguiente información.

1. Saber de dónde viene cada cliente, por ejemplo, este mes vendimos 100 productos o servicios a clientes nuevos, aquí es importante que quites las ventas de clientes que ya tenías para que no se malinterprete la información, 20 fueron por medio de recomendaciones, 30 fueron por anuncio panorámico, 30 fueron por la página de internet, 10 por anuncio de radio y 10 por redes sociales.

Super Vendedor

2. Tienes que tener la información de cuánto se vendió en total por estos 100 clientes, aquí es donde sumas todas las ventas, vamos a suponer que vendiste $100 mil dólares con estos 100 clientes, y a su vez saber cuánto se vendió por cada medio de publicidad que se probó, por ejemplo, por referidos se vendió $50,000 dólares, por anuncio panorámico $10 mil dólares, por página de internet $10 mil dólares, por anuncio de radio $20,000 dólares y $10,000 dólares por redes sociales.

3. Ahora vas a sacar cuál fue el costo total de la publicidad, de los cinco medios que utilizaste, cuánto te costó la recomendación en este caso vamos a suponer que te costó mil dólares, el costo del anuncio panorámico que fue de $10 mil dólares, el de la página de internet de $5 mil dólares, el anuncio de radio $10 mil dólares y las redes sociales que fue de $4 mil dólares, entonces sabes que tu costo total fue de $30 mil dólares.

Con esta información entonces tienes el **IXCN (Inversión por cliente nuevo)**, que se calcula de manera muy sencilla, los $30 mil dólares divididos entre los 100 clientes.

$$IXNC = \frac{\text{Costo de publicidad}}{\text{Clientes nuevos}}$$

$$IXNC = \frac{\$30{,}000 \text{ dólares}}{100 \text{ clientes nuevos}} = \$300 \text{ dólares por cliente nuevo}$$

Ahora vamos a sacar el costo por cada uno de los medios de publicidad del ejemplo para que sepas cómo tienes que hacer tu plan de publicidad.

IXCN por referidos

$$IXNC = \frac{\text{Mil dólares}}{20 \text{ clientes nuevos}} = \$50 \text{ dólares por cliente nuevo}$$

IXCN por anuncio panorámico

$$IXNC= \frac{\$10,000 \text{ dólares}}{30 \text{ clientes nuevos}} = \$333 \text{ dólares por cliente nuevo}$$

IXCN por página de internet

$$IXNC= \frac{\$5,000 \text{ dólares}}{30 \text{ clientes nuevos}} = \$167 \text{ dólares por cliente nuevo}$$

IXCN por anuncio de radio

$$IXNC= \frac{\$10,000 \text{ dólares}}{10 \text{ clientes nuevos}} = \$1,000 \text{ dólares por cliente nuevo}$$

IXCN por redes sociales

$$IXNC= \frac{\$4,000 \text{ dólares}}{10 \text{ clientes nuevos}} = \$400 \text{ dólares por cliente nuevo}$$

¿Para qué tener estos cálculos? Para que puedas tener una eficiencia muy alta en tus planes de ventas, mide cualquier anuncio de publicidad, ten los datos a la mano y analízalos.

ANUNCIO	CLIENTES ATRAÍDOS	COSTOS	VENTAS POR ÉSTE MEDIO	IXCN
Referido	20	$1,000.00	$50,000.00	**$50**
Panorámico	30	$10,000.00	$10,000.00	$333
Radio	10	$10,000.00	$20,000.00	$1,000
Sitio Web	30	$5,000.00	$10,000.00	**$167**
Redes Sociales	10	$4,000.00	$10,000.00	$400

En resumen, lo que quiero que observes es que la inversión por cliente nuevo para referidos es el más bajo y el que más ventas ha atraído, con este número puedes tomar la decisión de invertir más para "comprar" clientes nuevos usando tanto un plan más agresivo de referidos como una inversión más en atraer clientes para página de internet.

En cambio, el de la radio, redes sociales y panorámico también son demasiado altos de acuerdo a la venta promedio por cliente. Así que prueba y cambia hasta que des con la fórmula adecuada de publicidad que funciona para tu negocio.

ANUNCIO	CLIENTES ATRAÍDOS	COSTOS	VENTAS POR ÉSTE MEDIO	IXCN
Referido	20	$1,000.00	$50,000.00	$50
Panorámico	30	$10,000.00	$10,000.00	**$333**
Radio	10	$10,000.00	$20,000.00	**$1,000**
Sitio Web	30	$5,000.00	$10,000.00	$167
Redes Sociales	10	$4,000.00	$10,000.00	**$400**

Te quiero dar un ejemplo de la importancia de tener un plan medible de publicidad, un cliente que tengo desde hace tiempo que se dedica a la industria de la salud y que tiene más de 20 años siendo pionera en este ramo, hacía una inversión nada despreciable de $40 mil dólares mensuales en publicidad.

Haciendo la evaluación inicial del retorno de inversión de esos $40 mil dólares, nos dimos cuenta que ese dinero invertido mensualmente le estaba redituando en atraer 50 clientes por mes. ¡Sí escuchaste bien 50 clientes únicamente por mes!, estos clientes representaban $10 mil dólares de venta al mes. Algo inaudito, pues tenían ya casi 15 años con la misma televisora. Es vital el medir cada uno de los medios de publicidad que utilicemos para poder obtener el mayor beneficio y sobre todo saber cuál es el retorno de la inversión por cada dólar que inviertas.

Así que haz pruebas, mide cada dólar que inviertas y ten una medición de cuánto te cuesta en publicidad atraer a un cliente nuevo. Un plan de publicidad debe incluir muchos puntos para que puedas medir y pruebes diferentes medios, por ejemplo:

Página de internet, Facebook, Twitter, YouTube, Google, Radio, Televisión, volanteo, panorámicos, flyers, cambaceo, etc.

Prueba todo por una semana o dos e inmediatamente haz las mediciones correspondientes, que cada dólar que inviertes sepas cuánto te redituá en ventas. Esto se llama "guerrilla de mercadeo", haz un plan masivo de publicidad y lo más importante mídelo. Lo vital en este proceso es saber cuánto te cuesta el atraer un nuevo cliente.
Si requieres ayuda en este tema nosotros te podemos ayudar, www.iexito.com visita nuestra página para una sesión de coaching personal o para tu empresa. ¡Entrénate con nosotros!

> **"Una de las mediciones más importantes como un $úper Vendedor es la inversión promedio para comprar un cliente."**
>
> *Philip Kotler*

¿Qué vocabulario usa un $úper Vendedor?

Es importante que comprendas que una vez que tienes el plan de publicidad, lo ejecutas y evalúas, mes con mes los clientes van a llegar. Por eso la importancia de que constantemente entrenes a tus vendedores y por supuesto también tú te sigas entrenando.

El vocabulario que utilizamos los $úper Vendedores es completamente diferente al de los vendedores tradicionales, recuerda que las compras se realizan de acuerdo a la principal función del cerebro que es acercarnos al placer y alejarnos del dolor, entonces quiero que comprendas que existen ciertas palabras que debes de utilizar constantemente para poder causar un sentimiento de placer a tus clientes, sobre todo para la creación de confianza. Recuerda que las ventas son una transferencia de emociones de tu producto o servicio.

Entre más palabras utilices para causarles placer, mayor es la probabilidad de venta.

Primero vamos a evaluar las palabras que crean dolor en los clientes, éstas hacen que el cerebro reptil se active alejando cada vez más a la persona con la que estés queriendo entablar una conversación:

PALABRA NEGATIVA	SIGNIFICADO	PALABRA POSITIVA
No	El cerebro no acepta el "no", lo ha escuchado más de 15,000 veces entonces lo elimina.	Si
Oferta	La oferta es sinónimo de sobro, de que es un último artículo.	Oportunidad
Contrato	Va a estar amarrado a pagar le guste o no le guste por el resto de sus días a un producto o servicio.	Acuerdo
Firma	La pueden usar para cualquier fraude.	Ok
Costo	Financieramente está relacionada a gastar no a invertir.	Inversión
Barato	De baja calidad y mal servicio.	Económico
Abogado	Va a estar en problemas si no le gusta el producto o servicio.	Socio

Es probable que me vayas a decir que algunas o todas las palabras que vienen aquí descritas tú les encuentras un significado diferente, sinceramente te tengo que decir que tienes razón. Pero el problema es que tú no estás en la cabeza de todos tus clientes y no tienes ni idea si la persona está pensando lo que tú quieres decir, ellos solo reciben la información y la procesan, así que como un $úper vendedor tienes que entender que debes de usar las palabras adecuadas o usar un conjunto de palabras que sepas que en su mayoría no van a afectar a la persona con la que estás platicando.

En consecuencia empieza a cambiar las palabras con las que hablas para que puedas acrecentar tu posibilidad de mejorar las ventas, ¡así de sencillo! Las que vienen aquí arriba son algunas que de manera general afectan la parte subconsciente de manera directa, pero sin duda que tú tienes que encontrar la combinación dentro de la cabeza de tus clientes y saber cuáles son las adecuadas para poder venderles.

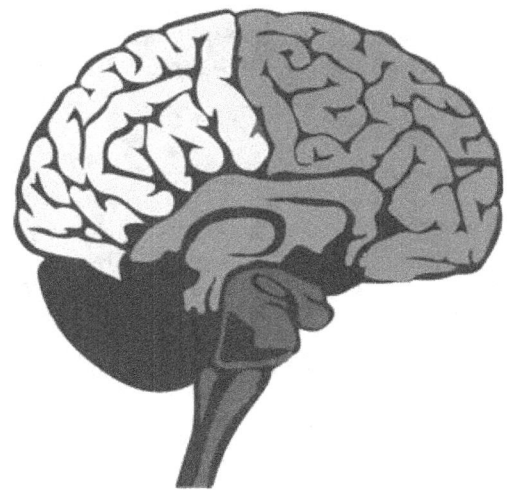

Por ejemplo, la palabra "no" el cerebro la ha escuchado más de 30,000 veces, entonces a la edad de 5 años lo que hace el cerebro es eliminarla, vamos a hacer un ejercicio cierra tus ojos y quiero que escuches lo siguiente:

"no pienses en tu mamá", "no pienses en tu mamá", "no pienses en tu mamá", "no pienses en tu mamá", "no pienses en tu mamá", "no pienses en tu mamá". ¿En qué fue en lo que pensaste?

Lógicamente fue en tu mamá, quiero que comprendas que el cerebro graba lo que tú le dices, pero hay ciertas palabras que tienen un significado para la otra persona así que tienes que aprender a manejarlas adecuadamente y saber cuándo utilizarlas para el beneficio de ambos. Es como si por medio de palabras tuvieras que abrir la combinación del cerebro de la otra persona para lograr ayudarle.

Sistema CIPASA de ventas

Ahora vamos a hablar del sistema CIPASA de ventas, es importante que te memorices la palabra CIPASA, porque quiero que comprendas que si realmente la utilizas como una herramienta te aseguro que vas a obtener un resultado muy satisfactorio, o por lo menos mucho más alto de lo que habías estado teniendo.

Esto no es un experimento, son herramientas que están 100% comprobadas y que nosotros utilizamos en nuestros negocios, comprende que ganar dinero con el sistema CIPASA, que vender más en tu negocio CIPASA, que el ser mejor persona y aprender a llevarte bien con la gente CIPASA, que te vas a convertir en un súper vendedor CIPASA, así que grábalas de memoria en tu cabeza y úsalas como cuando utilizas la cuchara cuando vas a comer, así de sencillo. Aquí te voy a dar un resumen para que entremos en materia más adelante.

Vamos a empezar con la primera letra, la **C**

Paso 1: Contactos con dinero y necesidad

Este primer paso es el primordial para que puedas aumentar la probabilidad de poder tener éxito, tienes que asegurarte que cada persona que tengas contacto para ofrecer tu producto o servicio tenga las siguientes dos características muy importantes:

1. Tengan dinero para poderte comprar o al menos tengan facilidad para poder conseguirlo.
2. Tengan la necesidad de tu producto o servicio.

En este paso fallan el 97% de los vendedores, por eso la frustración aumenta en la mayoría y prefieren darse por vencidos que hacer esfuerzo inteligente. Asegúrate antes de cada visita y antes de cada presentación que la persona cumple con estas dos características. Como los bateadores en el béisbol, para poder mejorar el porcentaje de bateo tienes que mejorar la técnica, recuerda que en las ventas, como en los deportes, es cuestión de estadística el saber filtrar y encontrar a los clientes adecuados, esto te va a ayudar a aumentar la probabilidad de venta.

> "La forma más rápida de perder peso es tratar de vender sin técnica y sin precalificar a tus clientes."
>
> *Brian Tracy*

Ahora vamos con la letra *I*

Paso 2: Identificación de necesidades

Aprender a hacer las preguntas adecuadas para poder identificar las necesidades del cliente, recuerda que un $úper vendedor sólo habla del 20 al 30%, pues el resto del tiempo estamos identificando con las preguntas adecuadas cuál es la verdadera necesidad del cliente.

La calidad de las preguntas va a determinar en buena medida la venta, pues el preguntar correctamente va a impulsar al cliente o comprador a poder darte información pues él sabe que le interesas, las preguntas son el éxito en la venta. Además, como dice el señor Maslow en su investigación, una de las principales necesidades del ser humano es el ser escuchado, así que esta habilidad te va a representar muchas ganancias, te lo garantizo.

"La calidad de las preguntas que hagas a otras personas y que te hagas a ti mismo determina en gran medida el éxito que vayas a tener." *Hopkins Tom*

Ahora vamos con la letra **P**

Paso 3: Presentación con base a necesidades

Una vez que identificas la necesidad tienes que aprender a hacer tu presentación versátil, esto significa que la puedas adaptar de acuerdo a lo que tu cliente necesita, tienes que encontrar primero cuál es la necesidad básica de nuestro cliente, también conocido como el "Punto G". Este punto G es por lo que tu cliente te va a comprar, es lo que mueve realmente a su cerebro reptil, por ejemplo, cuando yo vendo mi empresa de productividad (www.iexito.com) lo que he encontrado con nuestros clientes es que uno de los beneficios más atractivos es el tener más tiempo libre,
así que ese es uno de los principales puntos G o beneficios que manejamos, lógicamente no es el principal.

Recuerda que el principal depende de lo que te comente tu cliente. Asegúrate que tu presentación esté llena de esa necesidad básica o punto G de tu cliente.

> **"Tienes que encontrar el punto G de tu cliente para poder venderle."**
>
> *Tom Hopkins*

Ahora vamos con la letra **A**

Paso 4: Aprendiendo a cerrar

Puedes hacer la presentación excelente, tener al cliente adecuado, haber identificado el punto G, pero si los cierres no es lo tuyo, es como si te encantara cocinar, pero no te gustara el fuego, si estás en las ventas entonces tienes que aprender a disfrutar de los cierres pues es ahí donde se encuentra la mayor ganancia y es donde la caja registradora se llena.

Existen diferentes cierres, aquí te paso varios en un acróstico para que te los aprendas más rápido.

Cállate y vende.
Involucra al comprador o cliente en lo que le estás vendiendo.
Eliminación, dale opciones hasta que encuentras la respuesta correcta.
Rebote o regrésale la pregunta que te haya hecho.
Rinoceronte maestro, úsalo como un asesor para que te diga qué es lo que necesita.
Equivocación y amarre, dile alguna fecha equivocada para que te diga que sí lo quiere.
Sigue vendiendo, el mejor momento para poder vender es cuando acabas de hacerlo.

> **"La mejor forma de cerrar es callarte, hacer preguntas y vender cuando el cliente te lo pida."**
>
> *David Gaona*

Ahora vamos con la letra **S**

Paso 5: Solicitar pago y garantía de resultados

Comprende que la venta es un proceso y como tal tienes que aprender a solicitar pago o cobrar y usar siempre la garantía de resultados. El mejor vendedor siempre es un cliente satisfecho, es más, cuando tienes buenos clientes y que les has ayudado con tu producto o servicio siempre pregúntales si puedes darlo como referencia, es muy raro que alguno de ellos te vaya a decir que no va a poder. Usa siempre a tus clientes como vendedores y recompénsalos. Usa la garantía de resultados y nunca te dé pena el cobrar, recuerda que tu trabajo vale mucho.

> "La venta es un proceso, la cobranza es parte de ella así que aprende a disfrutarla."
>
> *Philip Kotler*

Ahora vamos con la letra **A**

Paso 6: Aprendiendo a pedir testimonios y referidos
(usar los wows)

Pide referidos a tus mismos clientes, te compren o no te compren asegúrate que te den información de clientes o amigos que tengan la necesidad latente y que tu cliente te los refiera, hazles una pregunta al final como ¿le puedo decir al cliente que me acaba de referenciar que usted me lo recomendó?, el usar los testimonios de tus propios clientes o apalancarte de ellos es una de las formas más eficientes de vender, si es posible pon una lista de tus clientes satisfechos con teléfonos, puestos y correos electrónicos para que las personas a las que les presentas se sientan más confiados de lo que les puedes aportar.

> "El mejor vendedor dentro de tu empresa es el cliente satisfecho, aprende a capitalizarlos y cuando lo hagas recompénsalos por ello."
>
> *David Gaona*

Evalúate en el sistema CIPASA
Coloca del 1 (muy bajo) al 5 (nivel experto)

	Sistema CIPASA	1 al 5
1	¿Tienes un plan de ventas por escrito?	
2	¿Tienes un índice de conversión de ventas en cada uno de los pasos?	
3	¿Qué tan bueno eres para tener contactos con dinero y con la necesidad?	
4	¿Tienes una forma de estar generando nuevos contactos?	
5	¿Tienes una forma para identificar las necesidades del cliente?	
6	¿Tienes un cuestionario de identificación de necesidades	
7	¿Tienes diferentes formas de presentar tus servicios o productos de acuerdo a el tipo de comunicación de tu cliente?	
8	¿Sabes cuales son los estilos sociales de tus clientes para poder presentar de acuerdo a ello?	
9	¿Sabes de memoria por lo menos 3 cierres de venta?	
10	¿Tienes identificado cuales son las principales objeciones de tus clientes y la información para poder responder cualquier pregunta?	
11	¿Tienes un procedimiento por escrito para la cobranza?	
12	¿Tienes alguna garantía de satisfacción de cliente para tu producto o servicio?	
13	¿Tienes una lista de referidos que tus clientes actuales te hayan proporcionado?	
14	¿Tienes un plan para poder beneficiar a tus clientes que te refieran más negocios?	
15	¿Tienes un listado de testimonios, con video, email o algo por escrito que puedes referenciar a tus posibles clientes de clientes satisfechos?	
16	¿Tienes un plan de guerrilla marketing por escrito?	
17	¿Tienes un presupuesto de ventas asignado en el año?	

¿Cómo saliste en tu evaluación?

La importancia de poderte medir es que sepas en dónde son tus áreas de oportunidad para poder trabajar en lo que más te hace falta, y así convertirte en un $úper Vendedor y aumentar tu ingreso mensual de ventas.

En l18os puntos que saliste alto lo que tienes que hacer es felicita19rte, es importante celebrar cada triunfo que tengas, y si estás leyendo este libro estoy seguro que eres un campeón y ya tienes resultados que has dado por mucho tiempo, pero lo importante no es adónde has llegado sino hasta dónde puedes llegar.

Así que ahora lo que tienes que hacer es un plan de trabajo en lo que hayas salido bajo, tienes que trabajar en lo que más te haga falta, sea la parte de hacer los contactos, los cierres, el plan de referencias, en lo que sea, esta evaluación es una radiografía para que tengas éxito, asegúrate que seas muy frío para el análisis y haz un plan de trabajo. Escribe qué vas a hacer, quién lo va a hacer en caso de que sea un equipo de trabajo o empresa, establece fecha para cuando lo vas a terminar y porcentaje de avance. Este plan de trabajo lo tienes que poner por escrito y dar seguimiento diario a cada una de las actividades de mejora para tu sistema de ventas.

¿Cuál es la importancia de la medición diaria de todo el sistema?

Comprende que este sistema es infalible si y solo si lo haces, ahora hay una parte fundamental y absoluta del sistema CIPASA y es que debes de comprender que tienes que medir diariamente, tienes que asegurarte que todos los días le des seguimiento a tus vendedores, o en dado caso que estés tú solo revisar que estés siguiendo el sistema a diario.

El uso de indicadores es una parte fundamental de este sistema, los indicadores es un tablero de mando que te va a indicar cómo vas con las ventas. Estés tú solo, tengas empresa o tengas gente a cargo una de las diferencias de un $úper Vendedor y uno del montón es que tengas indicadores diarios. El seguimiento diario te va a dar mínimo un 10% de más ventas en un mes, ¿por qué te aseguro esto? porque tengo una empresa de consultoría (www.iexito.com), y porque cada que le ayudamos a algún cliente a poner los indicadores diarios y seguir el sistema mínimo el crecimiento en un mes es del 10%, así que te aseguro mucho éxito si usas el sistema y le das seguimiento diariamente, aquí la clave es "Diario", o sea todos los días, la junta debe de durar máximo 10 minutos para poder revisar todos los indicadores. Si tienes duda nos puedes contactar para poder ayudarte, nosotros somos expertos en el uso del sistema y hacer que las empresas logren sus metas en tiempo record.

Algunos ejemplos de indicadores diarios son:

1. Llamadas
2. Correos
3. Ventas
4. Cotizaciones
5. Contactos nuevos
6. Llenado del CRM

Haz tu plan, ejecútalo, mídelo todos los días y mejóralo.

Poderes de $úper Vendedor

1. La primera es que hagas un presupuesto anual de ventas, mes con mes cuánto es lo que vas a vender, escribe los clientes, los productos y en qué zonas.

2. Haz un plan de entrenamiento para tus vendedores, en todos los pasos de la venta CIPASA, además en el producto o servicio que ofreces y haz un listado de libros para que empiecen a leer.

3. Haz un plan de reconocimientos para vendedores, asegúrate de que solo tengas vendedores campeones que sean los mejores posibles, si es necesario tómate 1 ó 2 meses para poder escogerlos.

4. Escribe 5 logros que hayas tenido en una libreta de metas, también pon tu área de reconocimientos en tu oficina o en tu casa.

5. Usa tu vocabulario de $úper vendedor, haz tu lista de palabras clave y siempre utilízalas en cualquier situación, acuérdate que esto hace que aumentes tu probabilidad de cierre y de venta.

6. Haz una evaluación de ventas con base al sistema CIPASA.

7. Apréndete de memoria los pasos CIPASA:

    - **C**ontactos con dinero.
    - **I**dentifica las necesidades.
    - **P**resentación con base a necesidades.
    - **A**prender a cerrar.
    - **S**olicitar pagos y garantía de resultados.
    - **A**prender a pedir testimonios y referidos.

PODER = INFORMACIóN + ACCIóN

5

"Mantén siempre tu cartera llena de clientes potenciales. Siempre ten más clientes para visitar, que el tiempo te alcance."

Brian Tracy

¿Por qué el primer paso del sistema es tener contactos adecuados para la venta?

Contactos con dinero y precalificación

1. ¿Sabías que las ventas son cuestión de probabilidad?
2. ¿Por qué se casa la gente?
3. ¿Cuál es el objetivo de la llamada de contacto?
4. ¿Cuáles son las claves para vender en la llamada?
5. ¿Qué es el CRM?
6. ¿Cuál es la importancia de la administración del tiempo?
7. La diferencia entre lo urgente y lo importante
8. ¿Cómo diferenciar una tarea urgente de una importante?
9. ¿Cómo medir la urgencia?
10. ¿Y la importancia?
11. ¿Cómo debe de lucir la agenda de un $úper Vendedor?
12. ¿Por qué es importante hacerte amigo de la recepcionista?
13. ¿Cuáles son los 5 pasos para prospectar en frío?
14. ¿Cuáles son los 7 errores al prospectar en frío?
15. Ejemplo de una llamada telefónica para alguien conocido
16. Poderes de $úper Vendedor

Vamos a empezar por una historia: "había un joven que tenía un deseo ferviente de casarse, entonces empezó a buscar por todos lados y decidió ir a una discoteca -que era el lugar que más frecuentaba- a buscar a la mujer de sus sueños. Como era un joven muy determinado y obstinado le empezó a preguntar a cuanta mujer estaba sentada en la discoteca si se querían casar con él, obviamente de las 200 mujeres que estaban en la discoteca ninguna le dijo que sí. El muchacho muy dolido y frustrado fue a buscar a un gurú para que le ayudara a entender la situación, el gurú le contestó que había buscado en el lugar incorrecto y por lo tanto eran las personas incorrectas."

> "Digamos que lo que haces en las primeras 2 horas del día determina en un 90% cómo te va a ir el resto del día."
>
> *David Gaona*

Esto pasa muy comúnmente en el mundo de las ventas, hay muchos vendedores que tienen mucha energía y que quieren comerse el mundo en 1 mes, pero lo hacen sin inteligencia. Vamos a hablar del primer paso del sistema CIPASA, la C es de asegurarte de atraer contactos con dinero y con la necesidad de tu producto o servicio. Si estos dos pasos los sigues en un principio aumentas en un 300% la probabilidad de cierre, siempre ten en cuenta esto para poder filtrar con quién te juntas para hacer negocio o presentación de negocio. No es que seas mala persona o que no quieras a tus clientes, es que como un $úper vendedor tienes que encontrar primero a los clientes adecuados y que realmente quieran comprar, que no tengas que estar rogando para que te compren.

Realmente la identificación de necesidades y presentación es mero trámite, ya que si te aseguras que tus clientes te busquen a ti en lugar de tú estar buscándolos entonces la venta se vuelve mucho más sencilla puesto que no tienes que convencerlos de tus productos o servicios. Ellos ya los quieren inclusive antes de conocerte.

> "Aunque seas nuevo en el mundo de las ventas, puedes reemplazar con cantidad de prospectos lo que te falta en habilidad."
>
> *Jim Rohn*

En este primer paso la administración del tiempo juega un papel $úper importante, pues solo debes de juntarte con clientes potenciales y esto significa que tengan el dinero y la necesidad, si te vas a juntar con ellos es porque al menos te van a dar referencias. En tu agenda asegúrate de que tengas primeramente a tus clientes potenciales referenciados (estos son aquellos que tus clientes satisfechos te están recomendando) son a los que les das preferencia para poder presentarles, hacerles la llamada o mandarles la información.

> *"Recuerda que tus clientes potenciales referenciados son los primeros que deben estar en tu agenda, para poder venderles."*
> *David Gaona*

¿Sabías que las ventas son cuestión de probabilidad?

Las ventas son un juego de números, tienes que mejorar tu probabilidad de poder vender con el primer paso del sistema CIPASA que es tener los adecuados contactos, esto hace que incremente el porcentaje de probabilidad de cierre, mientras no tengas bien claro a quién debes de venderle y sobre todo si tienen la necesidad es complicado que vayas a concretar algo.

Mientras mejor calidad de prospectos tengas mejor, entonces tienes que pensar en las siguientes preguntas:

¿Cómo le hago para atraer mejores clientes?

¿Qué lugares debo de frecuentar para tener mejores prospectos?

¿Los clientes que tengo actualmente me están recomendando?

¿Cómo hago para poder satisfacer de mejor forma la necesidad

de mis clientes?

La calidad de las preguntas que hagas va a mejorar tus resultados. Recuerda que las ventas son cuestión de probabilidad, mídelas, quiero que te vuelvas un loco por las ventas, conviértete en un analítico sin caer en la parálisis por análisis, que es cuando de tantos números que tienes no sabes ni para dónde voltear ni qué hacer con los números.

¿Por qué se casa la gente?

Las respuestas que me puedes dar son por amor, dinero, necesidad, por no quedarse solo, etc. Pero ninguna de estas es correcta, la principal razón es porque le pone fecha, entonces quiero que en este momento hagas un plan de 500 referidos, establece fecha de cuando los vas a contactar, haz una lista de 500 personas que conoces, tienes que pensar en toda la gente a la que le puedas presentar, aunque esto no significa que lo vayas a hacer porque tienes que asegurarte de que estos clientes tengan la necesidad y el dinero, pero al menos tienes que tener la lista preparada, el siguiente paso es que los tienes que segmentar, por ejemplo pon un número 1 a esos contactos tuyos que tienen la necesidad y el dinero para poder ofrecer tu producto o servicio.

Si te fijas es realmente sencillo el hacer tu listado de contactos, sigue estos 3 pasos sencillos:

1. Haz tu listado de contactos potenciales.
2. Clasifica a tus contactos por prioridad de contacto.
3. Pon fecha de cuando los vas a contactar.

Una vez que dentro de tus contactos hayas encontrado a los clientes con la necesidad y el dinero entonces lo que tienes que hacer es empezar a hablarles, al inicio 80% de tu tiempo es hacer llamadas telefónicas para poder concertar las citas, te vas a dar cuenta cómo después vas a tener más citas que llamadas, solo asegúrate que hagas por lo menos 10 llamadas diarias, para esto tienes que hacerte muy bueno en administrar tu tiempo y esas llamadas hacerlas entre citas, inclusive tener a alguien que te esté haciendo contactos.

"Digamos que la persona más adecuada para dejarle una tarea es la que más ocupada siempre se encuentra."

David Gaona

¿Cuál es el objetivo de la llamada de contacto?

La llamada de contacto tiene que ser una llamada no para vender, sino para hacer la cita. A menos que el cliente te quiera comprar de inmediato, pero recuerda que lo primero que quieres hacer es crear confianza con el cliente. Si es una persona que ya conoces y llevas una amistad con ella entonces tienes que hablar para saludar y para hacer la cita. Si es una persona que no conoces puedes hacer una pregunta directa como la siguiente:

¿Te gustaría conocer un método comprobado para poder aumentar la productividad en un 30%?

Si la respuesta es afirmativa le das un poco más de información por teléfono, pero solo la suficiente como para que lo dejes interesado en la próxima cita. Recuerda, la llamada es para poder mantener o restablecer el contacto, puede ser que te vaya a tomar un par de semanas en agendar una cita y unas 10 llamadas telefónicas, recuerda que lo primero que estás haciendo antes de vender es establecer una confianza entre la persona y tú.

La primera cita recuerda que no es para vender, apaga el celular y pon toda la atención posible. Ten en mente que te va a llevar unas 5 citas por lo menos para que le vayas a vender, así que mucha paciencia y llévate tu repertorio de preguntas para poder saber por dónde lo puedes satisfacer.

¿Cuáles son las claves para vender en la llamada?

1. Mencionar por lo menos 10 veces su nombre en la llamada.
2. Hacer que te diga mínimo 10 veces sí con preguntas.
   Ej. ¿Usted conoce a Carlos Ramírez? ¿Usted es Miguel Hernández? ¿Carlos habló con usted de los talleres?
3. Ponte un espejo enfrente de ti para que siempre sonrías.
4. Energía muy buena.
5. Usa testimonios de gente que ha logrado resultados.
   Hemos tenido gente que a los 3 meses gana 100% más
   (dependiendo del taller son los logros).
6. Haz preguntas de cierre al final: ¿Quiere entrar al taller de PSL o PCM? ¿Para una o 2 personas? ¿Con tarjeta de crédito o depósito?
7. Busca cerrar la venta al final siempre.
8. Amarra el pago.
9. Investigar sus necesidades con preguntas.
10. Venderles la información con su necesidad.

Categoriza a tus clientes, (cliente tipo A, tipo B, tipo C), recuerda, el tipo A es el que tiene el dinero y que tiene la necesidad, el tipo B son tienen la necesidad o el dinero, y el tipo C, no tiene ni dinero ni la necesidad, pero pueden ser una fuente como el tipo a y tipo b para poder darte prospectos, así que, que dedícate a hacer buenas relaciones con la gente que te rodea para poder hacer una lista muy nutrida y buena de prospectos. ¡Entrénate con nosotros!

¿Qué es el CRM?

Por sus siglas en inglés significa Customer Relationship Management. Pero ¿Qué es el CRM? La CRM (en español Gestión de relaciones con los clientes) es un término de la industria de la información que se aplica a metodologías, software y, en general, a las capacidades de Internet que ayudan a una empresa a gestionar las relaciones con sus clientes de una manera organizada. Por ejemplo, una empresa podría crear una base de datos de clientes que describiese las relaciones con suficiente detalle para que la dirección, los agentes de ventas, los trabajadores de servicio y, tal vez, los clientes, puedan acceder directamente a dicha información, responder a las necesidades de los clientes con planes de productos y ofertas, recordar a los clientes distintas necesidades de servicio, saber qué otros productos ha adquirido un cliente, y así sucesivamente.

El uso de esta herramienta es muy importante para poder guardar los contactos, números de visitas, llamadas, cotizaciones, etc.

Todo lo que tiene que ver con los clientes se puede bajar en esta herramienta, yo te recomiendo ampliamente que trabajes en ella para poder agilizar, haz ahí tu lista sobre tus 500 contactos para que puedas manejar de una manera más eficiente la información.

Existen muchas opciones en el mercado por un precio muy accesible.

Ahora la pregunta que te voy a hacer es muy importante ¿De dónde vienen los principales clientes? Esto es un ejemplo de una empresa latinoamericana que da servicio en todo el mundo, de más de 5,000 clientes alrededor del mundo:

- El 75% vienen de referidos de los mismos clientes.
- El 10% de la página de internet.
- El 10% de contacto en frío.
- E 15% de otros

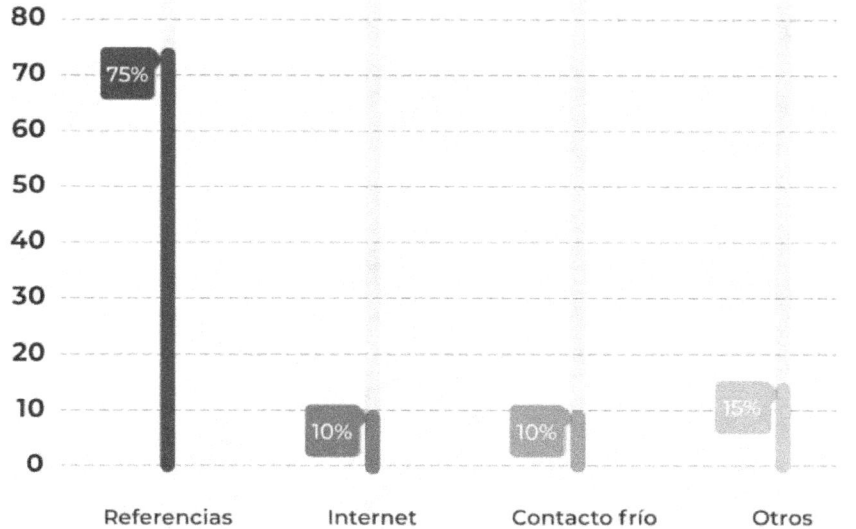

Por esto es la importancia de tener buenos referidos y manejar la base de datos de los clientes lo mejor posible, ten en cuenta que esta va a ser la principal fuente de ingresos de tu negocio por muchos años si la manejas adecuadamente.

¿Cuál es la importancia de la administración del tiempo?

Ten en cuenta que como $úper Vendedor debes de manejar y administrar tu tiempo como tu mejor tesoro, cada minuto vale oro y muchos dólares, así que aprende a ser lo más eficiente posible.

Tienes que empezar a filtrar las actividades que te generan valor y las que no te generan, así como tienes que aprender a separar contactos que te generan dinero y los que no te generan. Por eso vamos a hablar de la administración del tiempo.

> **"Yo sólo como, pienso, hablo, tomo y hago cosas que me van a llevar a mis metas."**
>
> *David Gaona*

Stephen Covey, describe un modelo de 4 Cuadrantes para administrar el tiempo.

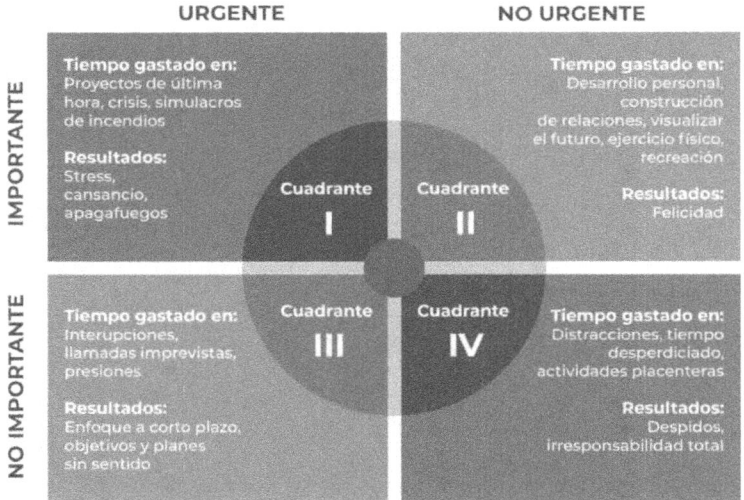

El cuadrante I es el de lo IMPORTANTE y URGENTE, es en el que nos movemos cada día, donde producimos, aplicamos nuestra experiencia. Son asuntos que reclaman nuestra atención inmediata.

Algunas actividades son importantes, pero las hemos ido postergando tanto, o no las hemos planificado lo suficiente, que se han convertido ya en urgentes, surgiendo así una crisis. Se trata de problemas acuciantes, proyectos con fecha límite, reuniones. Cuanto más nos centramos en este cuadrante, más nos domina y nos deja menos margen de maniobra. Es el cuadrante del estrés y del agotamiento.

El cuadrante II es el IMPORTANTE y NO URGENTE, el cuadrante de la calidad, donde planificamos a largo plazo, nos anticipamos y prevenimos los problemas, incrementamos nuestras habilidades y nos proporciona un desarrollo continuo. En él invertimos en escuchar y en nuestras relaciones con los demás, permitiéndonos incrementar nuestras capacidades de ejecución. Es el cuadrante del liderazgo personal, de la previsión y preparación: nosotros actuamos sobre él. Nos da el poder de generar capacidad.

El cuadrante III es el URGENTE y NO IMPORTANTE, el cuadrante del engaño. Aquí pasamos la mayor parte del tiempo (a veces creyendo equivocadamente que se trata de actividades del cuadrante I), suelen ser actividades que sirven para satisfacer las prioridades y expectativas de los demás. Aquí están las llamadas, interrupciones, reuniones, correos, informes.

El cuadrante IV es el NO URGENTE y NO IMPORTANTE, es el cuadrante de la pérdida de tiempo, a donde nos solemos escapar para huir del agobio que nos produce el cuadrante I y III. Implica un deterioro sin consistencia, no vale ni aporta nada: tareas triviales como el correo spam, publicidad, café, pausas, conversaciones irrelevantes

Tras reflexionar sobre esta matriz, es hora de plantearse algunas preguntas:

- ¿Dónde pasaste la semana pasada la mayor parte de tu tiempo? ¿En qué cuadrante?
- ¿Qué cosas importantes no recibieron su tiempo y atención?
- ¿Cuál es la actividad que sabes que si la desempeñaras con excelencia y sin descanso habría redundado en importantes resultados positivos en tu vida personal/profesional?
- Y si sabes todo esto ¿por qué no lo haces?

Porque no son urgentes ni acuciantes. No actúan sobre ti, eres tú el que tiene que actuar sobre ellas.

La diferencia entre lo urgente y lo importante

En productividad, se ha escrito mucho ya sobre cómo tratar cada tipo. No obstante, resulta bastante inútil explicar cómo se debería actuar con las tareas de estas dos clases si no sabemos clasificarlas para empezar. Mea culpa y mil gracias por el aviso.

En realidad, no es una cosa tan complicada, pero si queremos hacerla de manera casi instantánea para no inundar nuestras listas de tareas de cosas completamente inútiles empecemos por el principio.

Las definiciones

Que no te cuenten batallas, la diferencia es fácil y si dudas en algunos casos, por raros que sean, es que no tienes el concepto completamente claro. Por eso vamos con las definiciones que son el pilar básico de todo razonamiento.

Tarea urgente

Es una cualidad asociada al tiempo. Aumenta tanto a medida que te queda menos tiempo para la fecha límite, como con el tamaño de la tarea.

- Si dos tareas llevan el mismo tiempo hacerlas, la más
- urgente es la que tenga la fecha límite antes.
- Si dos tareas tienen la misma fecha límite, la más urgente es la que lleve más tiempo hacer.
- Si se aplaza la fecha límite de una tarea, esta se vuelve menos urgente.
- Si descubres que una tarea será más larga de lo que pensabas, se volverá más urgente.
- Una tarea que no tiene fecha límite, no será nunca urgente.

Como ves el lenguaje no ayuda. En realidad, cuando decimos que una tarea es urgente, lo que queremos decir es que es "muy urgente", mientras que cuando decimos que una tarea no es urgente, en realidad deberíamos decir que es "poco urgente". Desde el momento en que tiene fecha límite, una tarea es como mínimo un poquito urgente.

Tarea importante

Es una cualidad asociada a las consecuencias. Una tarea aumenta su importancia si las consecuencias de fracasar en ella aumentan. En otras palabras, una tarea es importante sólo si las consecuencias que sufriremos al no hacerla son graves.

- Dos tareas, independientemente del volumen de trabajo o dificultad, con consecuencias similares, son igualmente importantes. (Ejemplo: tan importante es escribir un informe como llevarlo a la persona indicada).
- De dos tareas, aunque para nada parecidas, la más importante será siempre la que cause efectos más graves en caso de no completarla.
- Aunque la tarea no cambie, las consecuencias pueden cambiar. Si lo hacen, la importancia de la tarea cambia (aumenta o se reduce).

¿Cómo diferenciar una tarea urgente de una importante?

Si has entendido bien lo anterior, verás que esta pregunta tan común no tiene sentido. La importancia y la urgencia de una tarea son atributos. Igual que una persona puede ser lista y bajita a la vez, una tarea puede ser urgente e importante a la vez.

Además, esto no es o blanco o negro, tiene toda una escala de grises. En un eje tienes la urgencia de la tarea y en otro tienes la importancia.

¿Cómo medir la urgencia?

Te voy a dar la medida que utilizo para organizar las tareas de más a menos urgentes. Como te explicaba antes, una tarea es tanto más urgente cuanto más larga sea y cuanto menos tiempo quede para hacerla.

De esto se puede deducir que la tarea menos urgente posible es aquella que se hace instantáneamente (0 segundos) o para la que te queda tiempo infinito (lo que en el mundo real significa: no hay fecha límite).

Con esto en la cabeza, esta es mi medida de la urgencia:

$$\text{URGENCIA} = \frac{\text{Tiempo que consume una tarea}}{\text{Tiempo restante hasta la fecha límite}}$$

De esto deducimos que todas las tareas estarán entre 0 y 1 significando cada uno:

- 0: No es urgente ni lo será nunca.
- 1: Debes dedicarle absolutamente todo tu tiempo a esa tarea no la habrás hecho antes de la fecha límite.

Por último, alguno de nosotros puede que se pregunte: Pero ¿qué pasa si me da que la urgencia es más de 1? Eso querría decir que el tiempo que te lleva la tarea es más que el que te queda. Como resulta evidente, ya es una tarea imposible.

No malgastes esfuerzos empezando algo que no va a dar resultados, o, por el contrario, negocia ampliar la fecha límite.

¿Y la importancia?

La importancia es extremadamente subjetiva, depende absolutamente de ti. No existe medida homogénea.

Sé que te puede sonar un poco frustrante esta conclusión, pero en realidad es al contrario, te recomiendo que protejas esto constantemente. Si alguien cambia la importancia que le das a cada tarea podría controlar indirectamente lo que haces.

Tu madre cuando quería que te comieses un plato de lentejas te amenazaba con dejarte sin salir a jugar. En nuestro modelo, eso no es ni más ni menos que cambiar el contexto. A la consecuencia de quedarte con hambre se le añadía la de no poder jugar después. Por lo tanto, acababas percibiendo la tarea como más importante. Da miedo visto así, ¿eh? ¡Menos mal que nuestras madres lo hacían porque las lentejas tienen mucho hierro!

Por eso digo que no sólo no te doy un método para ordenar la importancia, sino que te animo a que seas exclusivamente tú el único que la define.

"En el mundo de los negocios, todos tenemos 24 horas, así ganes mil dólares en un mes o 1 millón de dólares en una hora, la diferencia es en qué ocupas tu tiempo y cómo lo administras."

David Gaona

Así que por favor usa tu tiempo sabiamente, como $úper Vendedor tienes que pasar tu mayor parte del tiempo con los clientes que más te generan o te pueden generar ganancia, sé muy egoísta en este sentido y enfócate en solo pasar tiempo en presentaciones o haciendo contactos que te generen más venta o te hagan un mejor vendedor o persona.

¿Cómo debe de lucir la agenda de un $úper Vendedor?

Primero que nada, el $úper Vendedor debe de manejar siempre una agenda. Los domingos debes hacer la agenda de toda la semana, no te enfoques en cumplir la agenda al 100% recuerda que todo tiene cambios, de hecho, a mí lo que me ocurre es que cumplo mi agenda como 50% pero me enfoco en hacer lo más importante pero no tan urgente para mi negocio, familia y para mi cuerpo.

Después de que hago mi agenda semanal, todos los días por la noche reviso sí cumplí y replaneo el siguiente día de mis actividades. Como $úper Vendedor tienes que trabajar en todos los pasos de la venta, tienes que asignar tiempo en tu agenda para hacer contactos, para hacer presentaciones, para hacer cotizaciones, para hacer cobranzas, para pedir referidos, llamadas de reconocimiento, hacer ejercicio, meditaciones, visitas a familia, etc.

Es importante que en tu vida diaria tengas a tu familia dentro de tu agenda, tienes que tener aparte del trabajo, también actividades para hacer ejercicio, leer, meditación. Todas estas cosas mantenlas en tu agenda, si lo tienes en tu agenda te aseguro que van a ir mejorando tus hábitos. Al inicio va a parecer complicado, pero te vas a dar cuenta que en un periodo de tiempo te vas a acostumbrar, pero es importante que le asignes tiempo en tu agenda.

¿Por qué el 80% del tiempo tienes que estar haciendo llamadas?

Lo importante es que al inicio te enfoques que de 10 horas que trabajes, 8 horas hagas llamadas para que llegue un momento en que tengas tantas citas y presentaciones que solo dedicas el 10 ó 20% de tu tiempo, pero primero enfócate en hacer 40 a 50 llamadas diarias, esta es la clave, tienes que hacer 1 llamada mínimo cada 5 minutos. Esto es lo que hacemos los $úper Vendedores, una de las cosas que más recuerdo de un curso que tomé con el señor Dan Peña es que comenta que la clave para ser billonario es que hagas 100 llamadas diarias para ofrecer tu producto y que te asegures que cada vendedor en tu organización haga lo mismo.

¿Por qué es importante hacerte amigo de la recepcionista?

Ya que haces tus llamadas quiero que entiendas una cosa, el que te lleves bien con la o el recepcionista -o la persona que está en la entrada de la empresa que vayas a visitar- es que ellos te pueden dar mucha información de si está o no tu cliente, a mí esto me ha ayudado siempre a asegurar mis citas, apréndete el nombre y llévale regalitos muy sencillos sobre todo el día de su cumpleaños, llévale detalles pequeños para que la tengas de tu lado, si la tienes de aliada es como si fuera un vendedor dentro de la organización pues ellos saben quiénes o cuándo están dentro de la empresa.

¿Cuáles son los 5 pasos para prospectar en frío?

1. Visita lugares donde es posible que encuentres clientes con dinero o necesidad. Por favor haz un análisis de dónde son los lugares donde tus clientes potenciales pueden estar o frecuentan, lo que puedes hacer es hacer un estudio con tus clientes actuales y preguntarles en dónde pasan su tiempo libre.

2. Haz una lista de preguntas tipo espejo para poder establecer conversación. Estas preguntas son la entrada, nunca llegas presentándote con alguien que no conozcas, tienes que llegar haciendo preguntas sobre la actividad que estén haciendo, es importante también que sepas leer el momento adecuado para llegar a hacer las preguntas cuando la persona está disponible para hacerlo.

   - ¿Cómo estás?
   - ¿Qué frío está haciendo verdad?
   - ¿Tú mismo decoraste tu oficina?
   - ¿Este escritorio es de madera verdad?
   - ¿Te gusta leer?
   - ¿Es muy rica la comida de este restaurante verdad?
   - ¿Te gusta venir al parque?
   - ¿Te gusta hacer ejercicio?
   - ¿Eres de México?
   - ¿Te gusta ver películas?

3. Platícales de lo que a ellos les interesa. Una vez que haces las preguntas, entonces cualquier indicio o información que te den utilízalos para seguir haciendo plática sobre lo que te están hablando, si los ves que están leyendo entonces pregúntales ¿te gusta leer?, ya que te diga el nombre del libro entonces tienes que preguntarles más sobre esa información que te acaban de dar sobre libros.

4. Ayúdales en su negocio desinteresadamente. Después de unos 10 minutos de plática de pasatiempos entonces entras en materia, pero tienes que asegurarte que primero te presentes y después les preguntes a qué se dedican y ver la forma de poder ayudarles, primero tienes que sembrar recuérdalo.
5. Después de ayudarles pídeles referencias o preséntales el negocio. Una vez que les hayas dado referenciados o ayudado de alguna forma en su negocio entonces le comentas a qué te dedicas y en qué le puedes ayudar, en caso de que te diga que no requiere de tu producto o servicio, entonces le pides referencias de alguien que sepa que le puede interesar.

> *"Si te concentras en las actividades de buscar prospectos, presentar y dar seguimiento tus clientes; las ventas vendrán por sí solas."*
>
> *Brian Tracy*

¿Cuáles son los 7 errores al prospectar en frío?

1. Presentar desde el inicio tu producto o servicio. Llegar y presentar a cada persona que te encuentre, va a hacer que -como mucha gente en el multinivel le sucede- terminen huyendo cada vez que te ven.
2. Querer vender desde el principio. Pensar que la venta se va a dar desde el inicio, antes de generar confianza.
3. Interrumpir un diálogo para entrar. Dejar de leer nuestro alrededor e interrumpir a la gente cuando está hablando, sobre todo si no lo conocemos.
4. Interrumpir una comida o alguna plática importante. Cuando están comiendo, es muy molesto cuando llega alguien a ofrecerte algo si sabe que estás en otra cosa.
5. Ir con la persona incorrecta. Ir con alguien que no tiene el perfil y tú por imaginarte o no leer bien terminas perdiendo tu tiempo.
6. Ir al lugar incorrecto. Hay lugares y momentos, tienes que aprender que hay lugares donde no se prospecta. Aunque esto no se cumple al 100%.
7. Entrar sin hacer preguntas. Entrar presentándote u ofreciendo el producto o servicio es un error muy grave pues la persona no te conoce.

Ejemplo de una llamada telefónica para alguien conocido

$úper Vendedor: Hola Cliente ¿cómo estás?, ¿cómo va todo?
Cliente: Excelente muy bien. ¿Tú qué tal?

$úper Vendedor: Excelente Cliente mejorando cada vez más, los negocios van creciendo y estoy entrenándome y la verdad estoy muy contento. Cliente he vendido 40% más, estoy muy bien con mi familia, etc. (Comenta los beneficios que has obtenido con todo tu
entrenamiento). La verdad muy feliz con cosas que he estado aprendiendo. (Haz que se interese mucho en el taller).
Cliente: Ah súper bien, me da gusto escucharlo, ¿qué estás haciendo para que te vaya tan bien?

$úper Vendedor: Cliente pues déjame te cuento estoy tomando unos talleres muy buenos que da un empresario mexicano, en especial uno que se llama Poder sin Límites que se imparte en 4 países en el mundo y que me ha cambiado la vida y la vida de miles de personas, me enseñaron a estructurar las metas, caminata sobre vidrios... (Entras más a detalle de todo lo que se hace con el taller) tengo amigos que ganan el doble de dinero en sus negocios, gente que ha puesto su empresa, otro amigo dobló las ventas, etc.
Cliente: Qué interesante suena y ¿dónde lo tomaste? ¿Cuándo fue?

$úper Vendedor: Cliente pues ahora que preguntas déjame te digo que lo vamos a traer a Miami porque nuestro objetivo es ayudar a más gente y empresarios para que les vaya como a nosotros, él viene xxxxx fecha a Miami, ¿Te interesa tener los mismos resultados que nosotros?
Cliente: Sí claro, obvio que sí.

$úper Vendedor: Ah qué bueno ¿Te gustaría el taller para ti y para alguien más?
Cliente: Me gustaría para mí y para mi esposa.
$úper Vendedor: Ah perfecto, Cliente entonces 2 puestos, mira la inversión es de $350 USD, pero te voy a dejar 2 x $500 USD.
¿Te gustaría pagar con tarjeta de crédito o efectivo?
Cliente: Con tarjeta de crédito está bien.

$úper Vendedor: ¿Visa o MasterCard Cliente?
Cliente: Visa está bien

$úper Vendedor: Pásame por favor los números de tarjeta y la fecha de vencimiento.
Cliente: 491526153419 y vencimiento 2-20

$úper Vendedor: Excelente Cliente muchas gracias, enseguida te voy a mandar un correo con toda la información del lugar y lo que se necesita llevar al taller ¿me puedes dar por favor tu correo electrónico?
Cliente: Sí claro, mi correo es cliente@hotmail.com

$úper Vendedor: Muchas gracias Cliente, te prometo que te va a cambiar la vida. ¿Me puedes sugerir por favor 5 persona que tú sepas que le podamos ayudar en su negocio y que vayan al taller y facilitarme su teléfono por favor?
Cliente: Sí aquí están: cliente 1 (1212323143129) cliente 2...
$úper Vendedor: Muchas gracias Cliente por tu tiempo, te esperamos en el taller.
Cliente: Excelente $úper vendedor ahí nos vemos.

Poderes de $úper Vendedor

1. Haz tu lista de 500 personas que puedes prospectar y segmenta con número 1 a los que tienen prioridad alta y con el número 2 a los que debes de contactar como segunda prioridad y que cumplen al menos con la necesidad o el dinero.

2. Lista tus actividades que haces durante todo el día y elimina las que no te agregan valor o que no te generan nada para tu negocio, vida personal, salud o alguna de tus metas.

3. Haz la agenda de la semana completa el domingo por la tarde y revísala diario.

4. Revisa tu agenda del día antes de las 6 de la mañana, ponte 5 prioridades diarias y no te vayas a dormir hasta que termines, sé disciplinado y termina esas cinco cosas.

5. Cuestionario personal de espejo para prospectar en frío.

6. Busca lugares, asociaciones, cámaras de comercio o establecimientos donde estén tus clientes.

7. Busca por lo menos tener 15 a 20 contactos nuevos diarios, que sean recomendados de preferencia.

PODER = INFORMACIóN + ACCIóN

6

"La calidad de las preguntas que hagas a otras personas y que te hagas a ti mismo determina en gran medida el éxito que vayas a tener."

Tom Hopkins

¿Por qué debes hacer preguntas antes de cualquier venta?

Identificación de necesidades

1. ¿Cómo haces química con tu cliente?
2. ¿Cuál es la importancia de aprenderte los nombres de memoria?
3. ¿Por qué debes de hacer muchas preguntas?
4. ¿Cuáles son las 7 preguntas para encontrar la emoción?
5. ¿Qué preguntas debes de hacer para encontrar el PUNTO G o necesidad básica del cliente?
6. ¿Quién es el mejor vendedor?
7. ¿Cómo le haces para vender sin vender?
8. ¿Qué debes de hacer para escuchar activamente?
9. ¿Con esto te estoy diciendo que no vendas?
10. Detectando los sentimientos positivos en la venta
11. ¿Qué es el punto G?
12. Un cuestionario de análisis para encontrar la necesidad en una empresa.
13. ¿Cuál es el objetivo principal de la primera cita?
14. Poderes de $úper Vendedor

¿Cómo haces química con tu cliente?

El cliente es una persona con sentimientos, no importa si tiene un puesto de gerente o es dueño de la empresa, ellos sienten, lo primero que tienes que hacer como $úper vendedor es aprender a leer sus sentimientos. Es vital que comprendas por favor que la forma en que trates a tu cliente es la forma en la cual él te va a tratar, de modo que trátalo como si fuera la persona más importante, tienes que cumplir una seria de requerimientos para que escuches al cliente con toda la atención del mundo y él sepa que es la persona más importante.

Antes de que vayas a la cita te doy estos 11 pasos para que hagas química con tu cliente, tienes que:

1. Antes de que vayas de visita investiga sobre la empresa o sobre la persona, conoce su historia, y muy importante, confirma la cita una hora antes.
2. Cero distracciones, asegúrate de apagar tu celular antes de que empiece la cita.
3. Llévate una libreta para hacer anotaciones sobre todo lo quete diga.
4. Apréndete su nombre y los nombres de sus familiares de memoria.
5. Si batallas con la memoria entonces anota el nombre en tu libreta.
6. Cuando estés hablando con tu cliente asegúrate que estés frente a él.
7. Imita sus movimientos.
8. Haz un escaneo sobre lo que está a su alrededor para que determines sobre qué hacerle preguntas.
9. Identifica sus pasatiempos para que sepas de qué le vas a hablar.
10. 80% del tiempo tiene que hablar él, el 20% restante vas a hacer preguntas.
11. Prepara y asegúrate tener las preguntas adecuadas para poder identificar el PUNTO G.

> "Una venta se hace en los primeros 60 segundos en que conoces a la persona."
> *Tom Hopkins*

¿Cuál es la importancia de aprenderte los nombres de memoria?

La venta se lleva a cabo en los primeros 60 segundos que pasas con el cliente, que te aprendas su nombre de memoria es una de las claves, una de las necesidades básicas del ser humano es la de ser escuchado y la palabra más bonita que puede escuchar salir de tu boca es su nombre.

Así que apréndete su nombre de memoria, una vez que te lo diga repítelo 30 veces y escríbelo en tu libreta de anotaciones, puedes usar la técnica de mnemotecnia para aprenderte los nombres.

El primer paso de todo aprendizaje es tener interés, reconocer que el tema en cuestión nos parece importante o traerá beneficio a nuestras vidas. Sin este elemento, cualquier técnica de observación carece de sentido.

Para facilitar la memorización de los nombres propios conviene darles un sentido, asignarles una imagen. Cuando son muy abstractos, hay que asignarles representaciones concretas. Por regla general, la transformación de lo abstracto en concreto facilita la memorización.
La estrategia que facilita la retención de los nombres propios consiste en asignarle, a los nombres, distintas imágenes mentales.

OBSERVACIÓN CREATIVA: Una cara con un nombre

Si queremos relacionar una cara con un nombre, utilizamos la técnica de la observación creativa.
Ejemplos:

1. Un cliente que acabamos de conocer se llama Reynoso. Lo imaginamos con una corona sobre su cabeza (rey) y un oso tachado (oso): rey no oso: Reynoso.
2. Si se llamara Vázquez, podríamos ver su rostro dentro de un aro de Basquetbol.

Otra estrategia: ASOCIACIÓN DE IMÁGENES

Escoger un rasgo del rostro de la persona cuyo nombre se desea memorizar. Nos pueden llamar la atención sus ojos, su nariz, sus orejas, sus cabellos...

A este rasgo facial hay que asignar una imagen, establecer una asociación de ideas o realizar una codificación verbal, fonética o de cualquier otro tipo.

También nos puede llamar la atención la corpulencia de la persona, su manera de caminar, su aspecto, su look, o un rasgo de su carácter como amabilidad, tristeza, agresividad, dulzura; o también puede esa persona recordarnos a otra, por su parecido o sus diferencias en relación con el color de su cabello, su estatura, su peso o su personalidad.

En resumen, SIEMPRE es posible establecer una asociación de ideas, imágenes o palabras.

Por lo tanto apréndete el nombre de tu cliente de memoria. Los primeros 60 segundos que pases con tu cliente van a determinar el 80% de la probabilidad de venta.

¿Cuáles son los 5 pasos para causar una buena impresión en los primeros 60 segundos?

1. Vestimenta. Por favor vístete de acuerdo al cliente, tienes que mimetizarte con él, tienes que estar siempre en el nivel de vestimenta que él utiliza, si vas a una empresa de manufactura evita ir de traje, llévate la vestimenta que usa el común denominador de la gente con la que vas a estar o presentar. Utiliza colores negro, azul y blanco.
2. Hablar por su nombre y usar el vocabulario adecuado. Ten a la mano la lista de palabras adecuadas para utilizar en la venta, recuerda hablar con las palabras adecuadas y también tener la versatilidad de cambiar las formas de acuerdo al nivel cultural de tu cliente. Si estás con un niño, es muy distinto que con un dueño de empresa o con un ama de casa, el común denominador sí tiene que ser que les hables por su nombre.
3. El saludo. Las primeras palabras deben ser no muy fuertes solo: "Hola ¿qué tal Carlos?, mi nombre es David Gaona." El apretón de manos debe de ser firme sin apretar a menos que él te apriete, entonces solo le regresas el apretón, pero nunca lastimando a la otra persona. Di por lo menos 5 veces su nombre en estos primeros 60 segundos.
4. La primera pregunta. Ésta tiene que ser de algo que hayas percibido, puede ser un ¿Cómo estás?, ¿Qué calor está haciendo, cierto?, ¿Cómo va la empresa?, depende de lo que observes a tu alrededor.
5. El escaneo. Este escaneo de 15 segundos debe de darte suficiente información para poder saber cuáles son las siguientes preguntas que vas a hacer, observa cómo está él emocionalmente, observa las fotografías, su escritorio, la gente que está alrededor, los libros que están en su librero, observa y empieza a trabajar en las preguntas subsecuentes.

Ya que pasaron esos 60 segundos cruciales para la venta entonces averigua sobre su estado de ánimo antes de que empieces, hazle preguntas para que puedas comprender si está en el momento adecuado, un $úper Vendedor sabe cuál es el momento preciso de la venta, hay veces que el cliente o la persona con la que estés simple y sencillamente no le vas a vender, entonces es momento de sentarte y realmente interesarte por él, ver en qué le puedes ayudar, que él sepa que no le vas a vender, que solo estás ahí para ayudarle, la venta -si se llega a dar- entonces será en otra ocasión.

¿Por qué debes hacer muchas preguntas?

Hazle preguntas como las siguientes para poder conocer su estado de ánimo:

¿Cómo estás?
¿Cómo está la familia?
¿Cómo le ha ido en la escuela?
¿Cómo están sus padres?

A partir del escaneo que hayas hecho los primeros minutos que has estado en la oficina o lugar de reunión, tienes que hacer preguntas muy direccionadas dependiendo de cómo veas el estado de ánimo, es válido que le hagas preguntas de la situación que está pasando actualmente pero muy sencillas.

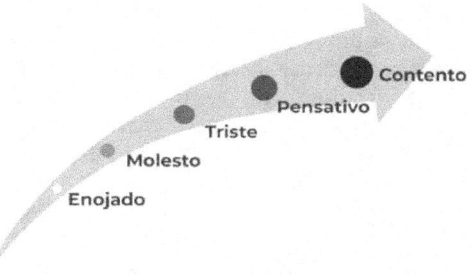

Si notas que tu cliente quiere seguir hablando sobre el tema entonces le debes de seguir haciendo preguntas sobre el mismo tema, por ejemplo, si está muy molesta le haces la siguiente pregunta:

¿Estás molesta?

A lo que te va a contestar que sí, y la siguiente pregunta que le haces es ¿por qué?, entonces lo más seguro es que te va a decir es que uno de sus hijos o empleados no le hace caso y que tiene mucha carga de trabajo, y le puedes seguir haciendo preguntas sobre el mismo tema hasta que se desahogue o encuentres el momento propicio -o lo que llamo el PUNTO G-, que es la necesidad más básica que la persona en ese momento va a querer satisfacer inmediatamente.

¿Cuáles son las 7 preguntas para encontrar la emoción?

¿Estás enojado?
¿Te sientes molesto?
¿Ahora estás triste?
¿Estás desganado?
¿Por qué te sientes pensativo?
¿Te sientes contento?
¿Estás emocionado?

Una vez que conozcas ese PUNTO G, entonces tienes que hacer más preguntas sobre esa la necesidad fundamental. Ahí es donde empiezas a ahondar en el tema antes de que empieces a vender tu producto o servicio.

¿Qué preguntas debes de hacer para encontrar el PUNTO G o necesidad básica del cliente?

Ya que sabes que el hijo o el empleado es el problema prioritario que tu cliente quiere resolver entonces le empiezas a preguntar y ahondar sobre los temas, estas serían las preguntas que le puedes hacer:

¿Entonces su hijo está teniendo problemas en la escuela? o ¿El empleado está llegando tarde a la empresa?, ¿sólo este empleado está llegando tarde o también todos los demás?, al inicio puede parecer un poco mecánico, pero realmente te vas a dar cuenta que el hacer preguntas es un músculo, tienes que hacer las preguntas adecuadas para poder conectar con la persona, utiliza la regla del Pareto, dejar que tu cliente hable el 80% del tiempo
y tú hablar el 20%, al inicio si te sientes incomodo -que es lo más seguro si no estás acostumbrado a hacer preguntas- entonces hazlo mecánico, haz las preguntas y cállate.

Las 11 preguntas espejo:

1. ¿Cómo estás?
2. ¿Qué frío está haciendo verdad?
3. ¿Tú mismo decoraste tu oficina?
4. ¿Este escritorio es de madera verdad?
5. ¿Te gusta leer?
6. ¿Es muy rica la comida de este restaurante verdad?
7. ¿Te gusta venir al parque?
8. ¿Te gusta hacer ejercicio?
9. ¿Eres de México?
10. ¿Te gusta ver películas?
11. ¿Hablas inglés?

"Lo que digas no es lo que vende; si puedes tratar de no hacer afirmaciones de tu producto o servicio, más bien haz muchas preguntas."

Brian Tracy

Te voy a recomendar que el hacer preguntas lo practiques, haz un círculo de venta donde invites a 5 ó 6 vendedores del mismo o de otro negocio que el tuyo y practiquen el hacer preguntas, hagan sus círculos de venta como lo hacían los caballeros en la mesa redonda en la época medieval, utiliza a tus amigos para que te hagan preguntas y que tú les hagas las preguntas de identificación del PUNTO G.

¿Quién es el mejor vendedor?

Te quiero platicar una historia de miles que me han ocurrido con el uso de las preguntas, hace más o menos como 10 años cuando estaba trabajando en un negocio multinivel (la mejor escuela de ventas que existe), me tocó dar una presentación para 10 personas entre las cuales había una señora como de unos 60 años que nunca dejaba hablar a nadie, por lo tanto todo mundo se alejaba de ella, era una invitada de uno de mis socios, así que a mí como líder y $úper Vendedor me tocaba trabajar con ella el cierre, tenía muchas preguntas y quería hablar conmigo.

Entonces apliqué el **¡cállate y escucha!,** me senté con ella una hora completa, primero me contó que tenía un problema de salud, que le habían detectado cáncer, que su esposo la había abandonado, que sus hijos no le hablaban, que estaba sin trabajo, que no tenía sueños y lo principal que me dijo es que nadie la escuchaba. Entonces empezó a llorar, me dijo que nadie se sentaba con ella y que por muchos años nadie le había escuchado con tanta atención como yo, que me agradecía por todo lo que yo hacía, que era un ángel, que el creador me había enviado, que le había yo cambiado la vida. Y lo único que hice fue ESCUCHAR.

Realmente solo le hice preguntas sinceras sobre lo que le estaba ocurriendo y me interesé por ella. Al final de la presentación me dijo que entraba al negocio, que en cualquier negocio en el que estuviera yo involucrado ella también lo iba a hacer. En ese momento entró al negocio y fue uno de mis principales líderes en ese tiempo y por muchos años.

"Sólo escucha y cállate."
David Gaona

No le di terapia, ni herramientas, ni medicina, ni consejos, ni abrazos, ni dinero, solo me senté con ella y la escuché, me interesé sin prejuicio alguno, sin ponerme de lado de nadie, solo escucha y atiende sus palabras, esto es lo que hacemos los $úper Vendedores, solo escuchamos, solo nos interesamos por el otro, el escuchar es un arte hazlo con tu corazón.

¿Cómo le haces para vender sin vender?

Tienes que saber escuchar. Muchas situaciones no tan gratas de la vida diaria, de las relaciones de pareja, en nuestro trabajo, con los amigos y en general se podrían evitar si tan solo supiéramos escuchar mejor. Escuchar tanto a los demás como a nuestra voz interior. ¿A poco no? Y es que la mayoría de las veces, por estar sumergidos en el caos o rapidez de nuestras rutinas, pensando en todo y en nada a la vez, no prestamos realmente atención a lo que sucede, a lo que nos están diciendo los demás y menos lo hacemos con nosotros mismos, nos dejamos llevar en automático.

Está comprobado que la mayoría de las personas sólo escuchan cerca de un 25% de lo que dicen los demás. Una práctica frecuente es escuchar solo las palabras y no los sentimientos expresados o la intención de lo que la otra persona trata de decir. Es más, antes de que la persona termine, por lo general, tenemos una respuesta, encimándonos y evitando permitir que externen el sentimiento o la necesidad completa.

Esto se da porque las personas ya han tomado decisiones antes de escuchar argumentos; tienen prejuicios sobre lo que se les dirá; tienen expectativas sobre lo que quieren que se les diga; les falta concentración, pierden el interés, hay ruido en el ambiente o en su mente, tienen demasiadas presiones de tiempo.

Nos falta el hábito de entender que vender es escuchar la necesidad de la otra persona, de prestarle atención y ponernos en sus zapatos para entender, desde su perspectiva, qué es lo que necesita o qué es lo mejor para esa persona que nos está comunicando un deseo, un anhelo, una necesidad, una situación a resolver. Es necesario dejar de ser egoístas y pensar solo en nosotros. Bien dicen que la mejor manera de salir adelante es dándonos la mano los unos a los otros y además que si quieres olvidarte de tus problemas, dedícate a ser útil a los demás.

> **"Nunca critiques, condenes o te quejes durante una conversación con un cliente o con un prospecto."**
>
> *Brian Tracy*

A continuación, te comparto algunos consejos y técnicas que el especialista en desarrollo personal citado anteriormente brinda. Me atrevo a sugerirte que apliques estos pasos no solo para escuchar activamente a los demás, no solo para vender, sino para escucharte a ti mismo cuando tengas que resolver o meditar sobre alguna decisión o paso importante en tu vida.

¿Qué debes hacer para escuchar activamente?

1. **Pon mucha atención:** Deja de lado lo que estás haciendo. No hables, mantén las manos lejos del teléfono, suelta el bolígrafo. Sigue escuchando, aunque te parezca equivocado o irrelevante.

2. **Relájate y deja a la otra persona que se relaje:** Si logras que tu interlocutor se relaje, tienes la mitad del camino recorrido. Lo ayudará a decir mejor lo que venía a decir. No hagas uso de tu autoridad.

3. **Utiliza lenguaje corporal:** Exprésale interés en lo que dice, asintiendo, sonriendo o con gestos similares.

4. **No interrumpas:** Escucha detenidamente sin interrumpir. De esta manera, la persona sentirá que tiene alguien en quien puede confiar, y te revelará sus sentimientos reales.

5. **Muestra simpatía:** Deja bien claro que estás interesado. Pídele a tu interlocutor que te ayude a entender el problema.

6. **Repite lo que te dijeron:** Hazlo repetidamente hasta que tu interlocutor te diga "sí, exactamente". Parafrasear aclara el significado y estimula el entendimiento. Usa las mismas palabras que te dijeron y no agregues palabras tuyas.

7. **No le temas al silencio:** El silencio permite reflexionar sobre lo que la otra persona ha dicho. Aunque parece incómodo, no le debes temer.

8. **Enfócate en el problema, no en la conducta:** Las emociones pueden distorsionar cualquier situación.

9. **Responde:** Di al menos "entiendo". (Otras técnicas para escuchar activamente más abajo.)

10. **Expresa tus sentimientos:** Dile lo que sientes, no sin antes entender cómo se siente la otra persona. Sin embargo, no te involucres sentimentalmente en el asunto.

11. **Pon atención a la actitud:** Cualquier gesto, sentimiento o temas que evada el interlocutor pueden dar claves acerca de lo que realmente quiere decir.

Y éstas, son 4 técnicas, pasos claves, para ayudar a la otra persona para hablar:

1. **Estimula:** Demuestra interés para lograr que la persona siga hablando. Contesta "entiendo...", "ya veo...", "ajá...", o "eso es interesante...".

2. **Reformula:** Demuestra que estás escuchando y entendiendo. Repite lo que la persona dijo, haciendo énfasis en los hechos. Di cosas como "si entiendo correctamente, tu idea es..." o "en otras palabras...".

3. **Reflexiona:** Demuestra que entiendes lo que el interlocutor siente. Contesta "sientes que..." o "eso te tiene molesto".

4. **Resume:** Haz un breve resumen de los hechos importantes, enfatizando el progreso hasta el momento, y estableciendo las bases para seguir hablando. Di cosas como "en resumen...".

Una vez que aprendes a escuchar y que te aseguras de que encuentras el punto G de tu cliente, pareja, amigo, etc. Entonces tienes que regresar a las preguntas. Las preguntas más sencillas pero efectivas son las preguntas ECO, que son las preguntas donde tienes que preguntar exactamente sobre el último enunciado que acaba de hacer, realmente es una pregunta obvia, pero te van a mantener enganchados a ti y a tu cliente.

La primera cita debe de ser para poder identificar las necesidades, debes de entrenarte para que en esta primera cita escuches, para hacer las preguntas correctas y poder hacer la presentación en una siguiente cita, esto hace verte muy profesional, hay ocasiones en donde vas a poder hacer la presentación el mismo día y depende también del giro de tu negocio.

También va a depender de la experiencia que vayas tomando, de las presentaciones si ya las tienes listas desde antes, puede ser que ya hayas hecho muchas presentaciones y dependiendo de la necesidad ya tengas cuál le corresponde, eso es válido también, pero entonces debes de saber que la primera parte de la cita va a ser para encontrar el PUNTO G del cliente antes de poder hacer la presentación, si la cita te la dio por una hora en ese caso los primeros 30 a 40 minutos van a ser para poder identificar la necesidad básica a la cual vas a orientar tu presentación.

¿En qué momentos tienes que comprender que no debes de vender?

1. Si está enojado o molesto, si lo acabas de ver que tuvo una discusión o viene peleando con alguien.

2. Si tuvo una llamada donde escuchaste que tuvo algún problema con alguien.

3. Si lo ves triste o si está llorando.

Quiero que comprendas que NO VENDER en esos momentos significa vender en otro momento, tienes que aprender a leer las situaciones, como $úper Vendedor tienes que hacer un análisis muy sencillo. Si la persona en el momento tiene un sentimiento negativo, puede suceder que si le quieres vender o le vendes el cliente va a relacionar tu producto con un sentimiento negativo. Entonces comprende que en momentos negativos para tu cliente lo mejor es escuchar y hacerle muchas preguntas para que se desahogue.

Asco · Ira · Odio · Agotamiento
Humillación · Enfermedad · Despecho
Desolación · Despecho · Asco
Pánico · Dolor · Arrogancia · Envidia · Desamor · Agradecido · Pánico · Asco
Arrogancia
Agotamiento · Ira · Enojo

¿Con esto te estoy diciendo que no vendas?

Depende de la situación, si tu producto o servicio le va a ayudar de manera radical con la situación que tiene entonces sí, pero sin presionar y sin usar técnica. Pero si tu producto o servicio no influye en ese momento directamente el estado emocional de tu cliente, entonces no le vendas. Yo sé que de inicio es complicado, pero tienes que comprender que el cerebro funciona a dolor y placer, si le vendes en un momento muy crítico emocionalmente lo que va a hacer su cerebro es relacionar tus productos o servicios con esa sensación de dolor.

Cuidado, NO vender, cliente enojado

www.empresariodealtorendimiento.com

Por favor aprende a no vender, también es parte del proceso de hacerte un $úper vendedor y esto ayuda a que las relaciones sean de largo plazo y que estos clientes te recomienden con más clientes.

Si lo ves llorando o enojado tienes que comprender que no es el momento, créeme que lo primero que él va a pensar si le dices que no platiquen sobre tu negocio, servicio o producto es que realmente le interesas.

> "El no vender en un momento de sentimientos negativos
> para tu cliente, significa hacerte de un cliente
> de por vida en otro momento."
>
> *David Gaona*

Detectando los sentimientos positivos en la venta

Ahora vamos a suponer que es el otro lado de la moneda para tu cliente hablando de sentimientos. Lo encontraste ganando más dinero, sonriendo, tuvo una llamada donde logró cerrar un negocio nuevo, le habla su hijo para decirle que le fue bien en la escuela.
Entonces este es un excelente indicador de que puedes hacer el cuestionario de necesidades y que le puedes vender. El detectar el sentimiento adecuado para la venta es todo un arte y es la principal habilidad como $úper Vendedor.

¿Cuáles son los sentimientos positivos en la venta?

Amistad · Amor · Humildad · Éxtasis · Cariño · Alegría · Orgullo · Placer · Alegría · Gracias · Agrado · Júbilo · Euforia · Orgullo · Éxtasis · Serenidad · Optimismo · Entusiasmo · Agrado · Tranquilidad

Pregunta sobre sus pasatiempos, si ya sabes que le encanta jugar futbol, entonces tienes que platicar sobre ello, profundiza, si tienes una hora de cita con él y platicas 15 minutos sobre sus pasatiempos en este caso el futbol está bien, tienes que aprender a hablar sobre cualquier tema, recuerda que no necesitas saber sobre el tema necesariamente, tienes que saber hacer las preguntas adecuadas.

¿Qué es el punto G?

Las preguntas adecuadas serían: ¿A qué equipo le vas de futbol?, ¿cómo quedaron este fin de semana?, ¿vas al estadio a ver los partidos?, ¿quién es tu jugador favorito?, ¿cómo le está yendo a tu equipo favorito en el torneo?, profundiza sobre ello, tienes que generar que a su cerebro subconsciente le cause placer hablar contigo y que sepas cuál es el punto G con el que vas a orientar tu presentación de ventas.

Una vez que encuentres el PUNTO G nunca lo sueltes, sabiendo cuáles son los pasatiempos y la necesidad básica de tu cliente, entonces tienes que profundizar sobre él, no es momento de vender es momento de profundizar. Tienes que hacer más preguntas para poder detectar a nivel de detalle.

Vamos a suponer que después de que terminan de hablar sobre su pasatiempo la persona con la que estás te dice:

Cliente: "Entonces David, platícame por favor sobre tu producto maravilloso."

$úper Vendedor: "Carolina, quisiera poder hacer unas preguntas antes para poder saber qué ofrecerte y entender bien la necesidad que tiene tu negocio. ¿Está bien?"

Cliente: "Claro adelante, ¿qué quieres saber?"

Entonces aquí es donde empiezas con las preguntas de identificación de necesidades:

Un cuestionario de análisis para encontrar la necesidad en una empresa.

1. ¿Cómo van las cosas en la empresa?
2. ¿Tiene objetivos y metas generales por escrito?
3. ¿Cuenta con objetivos y metas por área?
4. ¿Cuenta con planes para lograr objetivos detallados?

5. ¿Participa el personal en la planeación?
6. ¿Tiene organigrama general de la empresa?
7. ¿Tiene la misión y visión definida y por escrito?
8. ¿Es conocida por el personal?
9. ¿Cuenta con descripción de puestos por escrito?
10. ¿Están las responsabilidades y deberes claramente asignados?
11. ¿Están determinadas las competencias laborales que se requieren en cada puesto?
12. ¿La selección de candidatos está enfocada a la contratación de personal con las competencias requeridas por el puesto?
13. ¿La responsabilidad para dirigir, tomar decisiones es aceptada por el personal?
14. ¿Existe un sistema de evaluación del desempeño de las jefaturas y gerencias?
15. ¿Tienen los jefes y gerentes habilidades para establecer relaciones interpersonales adecuadas?
16. ¿El trabajo en equipo es funcional?
17. ¿Están establecidas las políticas y los procedimientos por escrito?
18. ¿Existen indicadores de rendimiento para cada una de las áreas de la empresa?
19. ¿Tiene una metodología en la toma de decisiones?
20. ¿Cuenta con los canales de comunicación adecuados?

> "El secreto del éxito consiste en saber algo
> que nadie más sabe."
>
> *Aritóteles*

¿Cuál es el objetivo principal de la primera cita?

Resume la necesidad. Con base a las preguntas que le hiciste, lo que vas a hacer es repetirle, porque obviamente estuviste tomando notas, todos los puntos que él considera necesarios para poderte comprar, la productividad, la mejora de ingresos, la mejora de venta, todos los puntos que él piensa son los más importantes para poder tomar la decisión, siempre hay un PUNTO G, entonces tienes que hacer énfasis en decirle algo como:

$úper Vendedor: "Sólo para corroborar, entonces consideras que lo más prioritario en tu negocio es (mencionas el PUNTO G)."
Cliente: "Sí es correcto, para mí el "PUNTO G" es lo que más necesitamos."
Agradecimiento. Agradécele por su tiempo, que esa persona sienta que por el único hecho de haberte dado tiempo para estar contigo estás satisfecho, que la persona sepa que cada minuto es valioso, acuérdate de estar diciendo su nombre en muchas ocasiones, en una cita de una hora por lo menos le debiste de haber dicho unas 50 veces su nombre.

Agradece a la persona como si ya te hubiera comprado, que la persona sepa y sienta que realmente lo estás haciendo de corazón.

Agenda la próxima cita para la presentación. Una vez que le agradezcas ahora es momento de sacar una cita para que con base al PUNTO G o necesidad básica le hagas una presentación. Tienes que tener una fecha exacta, no puedes salir de la oficina ni terminar la cita sin que los dos se hayan sentado a revisar la agenda y poder determinar la fecha de la siguiente reunión, que es donde se va a llevar a cabo la presentación, pregúntale si es necesario que alguien más de los que toman las decisiones esté presente para que evalúe el producto o servicio.

Interés en ayudarle. Una vez que agendas, vuelve a agradecerle y puedes hacerle una promesa para que él sepa que estás para servirle y ayudarle.

$úper Vendedor: "De nuevo muchas gracias "Cliente", te aseguro que vamos a ayudar a que (mencionas el PUNTO G) sea lo que obtengas de nosotros, nuestro compromiso es ayudarte a cumplirlo."

> "Los clientes no esperan que seas perfecto. Lo que esperan es que arregles las cosas cuando se complican."
> *Donald Porter*

Poderes de $úper Vendedor

1. Elabora un cuestionario para encontrar el estado de ánimo de tu cliente y úsalo en tu vida diaria, empieza a practicar con tus familiares y úsalo con tu gente cercana.
2. Elabora un cuestionario para encontrar la necesidad que puedes satisfacer con tu producto o servicio.
3. Aprende a escuchar, haz el ejercicio de no hablar por 15 minutos seguidos, haz meditación para que esto te ayude, el método Silva es algo que te puede ayudar.
4. Haz un ejercicio con alguno de tus compañeros de trabajo, crea una mesa redonda de 5 a 7 de los mejores vendedores y practica.
5. Haz el ejercicio de ir a escanear de manera aleatoria oficinas de compañeros como si fueran tus clientes, encuentra sus pasatiempos y pregúntales por ellos.
6. Ejercita el detectar emociones de la gente a tu alrededor.
7. Haz una lista de preguntas para poder encontrar y saber cuál es la necesidad básica o Punto G.

PODER = INFORMACIóN + ACCIóN

7

"**Tienes que encontrar el punto G de tu cliente para poder venderle.**"

David Gaona

¿Cuál es la mejor forma de presentar?
Presentación con base a necesidades

1. ¿Por qué debes de usar el punto G del cliente para la presentación?
2. El punto G
3. ¿Por qué debes de usar datos?
4. ¿Qué es versatilidad en tu presentación?
5. ¿Cuál debe de ser la estructura de la presentación?
6. ¿Por qué debes hacer práctica tu presentación?
7. ¿Para qué usar testimonios?
8. ¿Cuál es la importancia de contestar las preguntas?
9. ¿Qué es la presentación de 60 segundos?
10. ¿Qué es un discurso de elevador?
11. ¿Quién necesita uno?
12. ¿Cómo hacer un Discurso de elevador?
13. Cuatro pasos para crear un excelente discurso de Elevador.
14. ¿Cuáles son los estilos sociales que te puedes enfrentar en clientes?
15. ¿Cuáles son los diferentes tipos de comunicación que te puedes enfrentar con clientes?
16. ¿Para qué saber contar historias y chistes?
17. ¿Sabías que el 80% de la comunicación es no verbal?
18. ¿Por qué es importante que hagas una presentación para mujeres y otra para hombres?
19. ¿Qué te tienes que preguntar después de cada presentación?
20. Poderes de $úper Vendedor

¿Por qué debes de usar el punto G del cliente para la presentación?

Cuando haces tu cuestionario de necesidades, tienes que asegurarte que encuentres cuál es la necesidad básica de tu cliente, esto hace que se incline a comprarte el producto o servicio porque vas a satisfacerle. Es por eso tan importante que te tomes el tiempo necesario para poder acomodar toda la presentación con base a las necesidades principales. La presentación que máximo debe de ser de 1 hora, yéndome a un extremo muy alto, pues el ser humano solo es capaz de mantener la atención continua por 15 minutos.

El punto G

Durante la presentación debes de nombrar por lo menos en 30 ocasiones cómo le vas a satisfacer la necesidad básica (punto G), sí es correcto, debe de ser por lo menos comentada en 30 ocasiones en una hora. Vamos a poner un ejemplo, el cliente te comenta que la principal necesidad que tiene es aumentar la productividad de su empresa, vamos a suponer que lo que tú vendes es un software de administración; entonces lo que tienes que hacer es por lo menos encontrar 10 beneficios con los cuales tu software le va a satisfacer esa necesidad, enlista los beneficios y basa tu presentación en ellos.

Haz una hoja con cada beneficio y ponle la palabra clave "Productividad" alrededor de ella, repítela constantemente, vamos a decir que uno de los principales beneficios es que la persona de compras ya no tiene que traspasar información de una hoja de Excel a otra, solo vaciar la información, de 1 hora que se tardaba la persona con el Excel ahora lo hace en 30 minutos, entonces comentas "la productividad que va a obtener por información de compras es de un 50%", recuerda utilizar la palabra productividad, el segundo beneficio sería el que la información se encuentra en línea, entonces comentas de la siguiente forma: "aumento de productividad de hasta un 30% debido al acceso las 24 horas de cualquier parte del mundo", es muy importante que comentes constantemente como van a poder satisfacer ese punto G.

Probablemente se te haga un poco exagerado el hacerlo tan constante, te lo aseguro que el cliente no lo va a notar al contrario va a sentir una afinidad contigo porque le vas a hablar en su mismo idioma, si sientes que es demasiado entonces no lo escribas, pero sí repite la palabra constantemente, tienes que hablar su mismo idioma y hablarle de las mismas necesidades, tu presentación tiene que tener mucha versatilidad para acomodarse a la necesidad del cliente.

"La gente compra lo que desea no lo que necesita."

Una ocasión me tocó llegar con un cliente en la empresa de coaching que tengo (www.iexito.com) y me había pedido ayuda para una de las empresas que tenía, me comentó que la necesidad básica era hacer que fuera más productiva y que diera más rentabilidad, al final de la presentación, nos comentó que no quería empezar en el proyecto todavía, aunque sí lo necesitaba. Entrando ya más en la conversación me pude dar cuenta que su principal deseo era irse de vacaciones con su familia pues tenía 30 años que no podía salir de su negocio, ahí fue cuando hubo un clic, lo que me dijo con su corazón es que su principal deseo era tomar vacaciones, terminamos de platicar sobre a donde se quería ir, dijo que quería irse a Europa con su familia sin tener que preocuparse de que sus negocios se fueran a terminar porque él no estaba.

Entonces fue cuando me firmó inmediatamente, me dijo que empezábamos ese mismo día pues una de nuestras promesas es que nuestros clientes se pueden tomar vacaciones a los 6 meses que hayamos empezado y se lo pudimos cumplir en nuestra garantía, se pudo ir de vacaciones. Esto es para poder reafirmar que la gente compra lo que desea más que lo que necesita, por eso es importante el que encuentres ese deseo o punto G.
¡Entrénate con nosotros!

¿Por qué debes de usar datos?

Cuando obtengas información sobre la necesidad básica o punto G, prepara datos de clientes anteriores y actuales que te ayuden a sustentar como ejemplo de que tu producto o servicio es la mejor opción.

Vamos a seguir con el mismo ejemplo de que tu empresa vende software de administración, tienes que obtener información de tus clientes satisfechos actuales, pregúntales cuáles son los ejemplos de cómo tu software les ha ayudado a mejorar la productividad de la empresa. Vas a poner esta información en la presentación sin que nombres a los clientes, solo pones algo como:

"Cliente en industria automotriz obtuvo 50% de productividad, mejorando los tiempos de respuesta en cotizaciones."

Tienes que usar los ejemplos y, de preferencia, preguntarles a tus clientes de los cuales uses sus datos si es posible que tus clientes potenciales les puedan llamar. Recuerda que el mejor vendedor son tus clientes satisfechos.

¿Qué es versatilidad en tu presentación?

Tu presentación debe de durar cuando mucho una hora (20 minutos de presentación, más 20 minutos de preguntas más los 20 minutos de cierre), esto debe de ser un estándar como $úper Vendedor, además tienes que tener versatilidad para poder cambiar si el cliente quiere ver algún otro tipo de información o demostración. Tienes que estar preparado para cualquier cambio, como les comento a mis socios, vendedores y participantes en los cursos, tienes que estar listo en la presentación con todo lo que el cliente requiera, llevarte unos tenis si quiere ir a recorrer la empresa, tienes que traer tu computadora si quiere que le hagas una presentación, con tu producto listo para que lo pruebe y con el café si quiere que le platiques.
Llévate todo el kit que necesitas para poder hacer una presentación como $úper Vendedor y hacerle cualquier tipo de ajuste, y comprende que, si el cliente te dice que los elefantes "vuelan", entonces tienen que volar, aunque sea 5 centímetros, pero "vuelan" esta es la importancia de poder ser muy flexible a la hora de presentar, tienes que ponerte en los zapatos del cliente y él tiene que sentir que tú eres más un asesor que un vendedor. Por eso tienes que tener mucha tolerancia a la frustración y saber que la presentación puede tomar un giro drástico en cualquier momento.

Te vuelvo a repetir, asegúrate que tu presentación tenga información y datos de la necesidad o punto G, pon el nombre de la empresa por todos lados, los beneficios que estén impregnados con la necesidad básica de tu cliente y usa ejemplos que ya hayan resuelto el mismo problema. Lo más importante es que debes de ser consciente que todo puede cambiar de acuerdo a como te lo pida el cliente. Tienes que estar listo como $úper Vendedor.

¿Cuál debe de ser la estructura de la presentación?

Empresa: Los primeros 5 minutos utilízalos para hablarles de quiénes son ustedes, hablen de la experiencia del equipo y de sus clientes principales y los resultados sobresalientes que han tenido, usa ejemplos de otros clientes satisfechos, pon resultados de la necesidad o punto G que ya hayas resuelto con otros clientes, haz la tarea de que hables con tus clientes satisfechos y pedirles el favor (con su debida comisión) de que platiquen su historia de éxito.

Beneficios: Pon los beneficios de tu producto e imprégnalos de la necesidad, menciona la necesidad por lo menos 25 a 30 veces durante tu hora de presentación y tienes que estar preparado para cambiarla de acuerdo a como vaya resultando la presentación de ventas.

> "Describe tu producto en términos de lo que el producto hace y no en términos de lo que es."
>
> *Brian Tracy*

Tiempos de entrega: Durante tu presentación de 20 minutos dales tiempos de entrega, tienes que incluirlos y hacerles preguntas como ¿para cuándo quisieran tener el producto en sus manos? o ¿cuándo quisieran empezar a mejorar la productividad con nuestro servicio?, para tener una fecha aproximada de comienzo y sobre todo les hagas saber el tiempo de entrega de sus servicios.

Preguntas: Yo como $úper Vendedor es que la mayoría de las preguntas las respondo en el momento, todo excepto la inversión que lo manejo en la última parte de la presentación, me aseguro que el cliente tenga la información en el momento que la pida, solo la de la inversión le pido muy amablemente me espere a que termine, si es pregunta sobre el producto, servicio o sobre los beneficios mi consejo es que anotes la pregunta y se la respondas en el segundo que te la haga.

$uper Vendedor

Inversión: El precio del proyecto, producto o mejor dicho, la inversión se debe de dar en los últimos 5 minutos de esos 20 que dura la presentación completa, es importante aprender a manejar la presión del cliente pues es normal y natural que te vayan a pedir el precio desde el inicio, así que debes de aprender a manejar esa presión y pedirles de la manera más atenta que te deje terminar pues la presentación es muy corta y darles después de que hayas presentado los beneficios.

¿Por qué debes hacer práctica tu presentación?

Algo que va a hacer que tu cliente se conecte contigo inmediatamente, es que hagas de una manera práctica tu presentación, si tienes un producto hazle la demostración en vivo de lo que puede hacer en función de sus necesidades, si es complicado le puedes mostrar un video o alguna presentación con fotos, pero es importante que le des el toque de la necesidad o punto G del cliente al cual le estás presentando.

¿Para qué usar testimonios?

Entre más testimonios y ejemplos reales de clientes satisfechos más va a existir conexión y probabilidad de cierre. Ten una lista de clientes satisfechos que puedes utilizar como vendedores y como ejemplos, el 40% de mis clientes en mi empresa de consultoría son por referencias, estas referencias son clientes que vienen a mí después de haber visitado a mis clientes
que han obtenido resultados sobresalientes con la asesoría que hemos dado, de hecho, tengo clasificados los resultados de mis clientes para poder mandarlos dependiendo del tipo de resultado o necesidad que estén buscando mis clientes. También lo puedes hacer como por tipo de cliente o por necesidad.

¿Cuál es la importancia de contestar las preguntas?

La sesión de preguntas es donde realmente empieza la venta, aquí es donde tienes que empezar a respirar y anotar muy bien las preguntas que te hagan, para esto ya debiste haber venido preparado con las preguntas posibles que te puedan hacer.

> *"Satisface las necesidades inconscientes de tus clientes como la necesidad de sentirse importante, valorado, y respetado."*
>
> *Brian Tracy*

Es importante la versatilidad y recuerda estar preparado para cualquier cambio, es por eso indispensable que puedas presentar a tu empresa en 60 segundos, que sepas dar una pequeña reseña de lo que puedes hacer con tu producto o servicio para poder hacer una cita de negocios.

¿Qué es la presentación de 60 segundos?

El discurso de elevador debe de ser parte integral de tu estrategia de marca personal, es tu truco bajo la manga, para poder vender tus servicios de forma eficiente. Debe de ser simple y debe de ser tan impresionante que la persona que lo está escuchando debe de tomar una acción.

¿Qué es un discurso de elevador?

El discurso que se da, no debe de ser una autobiografía o un plan de negocio detallado, es un pequeño resumen de quién eres, qué haces y cómo puedes ayudar a la persona que lo está escuchando. Eres tú vendiéndote a ti mismo en una forma simple y concisa utilizando un formato que para muchas personas es familiar. Aun cuando tu Discurso de Elevador es similar a tu biografía, este debe de ser comunicado de una forma distinta, que debe de tener un toque especial y memorable.

¿Quién necesita uno?

Personas que venden servicios en el día a día como lo son los entrenadores, consultores y conferencistas, deben de tener un discurso bien estructurado, y bien integrado a su marketing personal.

Nosotros creemos que cada persona en el negocio que esté dedicada a conseguir nuevos clientes debe de conocer su Discurso de Elevador. Esto es cualquier persona que pueda asistir a una conferencia, una reunión de networking, un seminario o solamente cualquier persona que se pueda topar en cualquier elevador, siempre hay una buena oportunidad de generar una relación comercial. El Discurso de Elevador te prepara para esas oportunidades y te equipa con una poderosa herramienta para poder concretar una reunión de trabajo.

¿Cómo hacer un Discurso de Elevador?

Como cualquier cosa en el negocio, debes de conocer cuál es el propósito de un Discurso de Elevador. Puede ser que sea para vender tus servicios como consultor, obtener financiamiento para un proyecto u obtener una entrevista de trabajo, debes de concentrarte en quien será tu audiencia. En caso que tengas distintos objetivos profesionales, debes de tener distintos discursos para distintas situaciones.

Para poder tener un buen discurso te tienes que hacer varias preguntas y las respuestas deben de ser un buen comienzo. Las preguntas que se necesitan son:

- ¿Cuál es el valor que provees?
- ¿Cómo provees ese valor?
- ¿Cuál es el valor diferencial de tu oferta?
- ¿Quién es tu mercado meta?

Cuatro pasos para crear un excelente Discurso de Elevador.

- **Paso 1:** Comienza con una frase de acción que no sea un sustantivo. ("Yo soy X", no utilices una "etiqueta". No quieres que las personas te pongan en una caja).

- **Paso 2:** Agrega un enunciado sobre lo que haces. ("Yo hago Y", cómo ayudas a la persona o las personas).

- **Paso 3:** Un enunciado que IMPACTE. ("Las personas que utilizan mi proceso encuentran Z", enlista una o dos cosas que impacten a tu prospecto).

- **Paso 4:** Termina con una ACCIÓN ("Estoy buscando A". Sé claro. Si preguntas algo no específico, será muy difícil que lo obtengas).

Duración
El mejor discurso no debe de pasar los 60 segundos, lo cual es alrededor de 200 palabras. O sea, imagínate subirte a un elevador en el piso 0 y platicar hasta que llegues al piso ocho.

Has obtenido su atención.
Como cualquier discurso, el discurso de elevador debe de comenzar con un gancho para obtener la atención de la persona que te está escuchando. Esto puede ser una pregunta o una frase que realmente haga que la persona preste atención por 60 segundos. Este gancho es crítico cuando estás en una reunión de networking y la persona que se acaba de conocer ya está buscando conectarse con otra persona, el obtener la atención por 60 segundos es de suma importancia.

Qué tan claro debes de ser.
Tienes que ser claro en el discurso. Debes de ser entendible para cualquier persona, sin importar si están relacionados con tu industria o no. Si utilizas muchos términos técnicos puedes encontrarte distintos resultados.

Lo va a recordar
Se debe de hacer un esfuerzo para que el discurso lo recuerden. Puedes usar un lenguaje visual, o simplemente ser un poco distinto, es importante que un discurso lo recuerden porque es distinto. Imagínate escuchar 30 discursos en una hora y cómo puedes hacer que tu discurso sea recordado.

Acuérdate terminar con una acción
Al final del discurso, debes de tratar que la persona que te escucha piense "Cómo podemos hacer negocios". Una forma de hacer esto es tratar de que ellos te contacten, te den su tarjeta de negocio o realizar una reunión.

Tiempo de practicar
Ahora que ya tienes un discurso listo, es tiempo para practicar. Presenta el discurso a tus amigos, frente a un espejo o enfrente de una cámara, busca fallar antes de presentarlo con un inversionista o posible cliente.

Conclusión
Un buen discurso de elevador puede ser muy útil en distintas situaciones; vendiendo tu servicio a un cliente, entrevistándote para un posible trabajo o bien pidiendo medio millón a una persona.

> *"Para saber lo que la gente realmente piensa, preste atención a lo que hacen, más que a lo que dicen."*
>
> *René Descartes*

Ya que tienes la presentación de 60 segundos ahora vamos a hablar de cómo identificar a tus diferentes tipos de estilos sociales en los clientes para saber si tienes que sacar la computadora, para mostrarle la presentación, los zapatos de seguridad si quiere ir a caminar a la planta o el café si quiere que le platiques los resultados que has logrado con tus clientes.

¿Cuáles son los estilos sociales que te puedes enfrentar en clientes?

Las personas tenemos diferentes estilos o formas de ser y hacer las cosas. Nos comunicamos de manera diversa con unos y otros, sintiéndonos más o menos cómodos con algunas personas y no sabemos por qué.

Hoy, conocemos 4 estilos sociales: analítico, amable, expresivo y dinámico; teoría desarrollada por los sicólogos Roger Reid y David Merrill en 1963. Se dice, que es más fácil y te conectas con mayor facilidad cuando te comunicas con una persona del mismo estilo al que perteneces: amables – amables, expresivos – expresivos, etc.

En este proceso, las personas de cada estilo se acercan al trabajo y a la vida en general de formas diferentes. Esto no lo podemos cambiar, son simplemente estilos. Afortunadamente, lo que ayuda a realizar las conexiones entre estos diversos estilos es la "versatilidad".

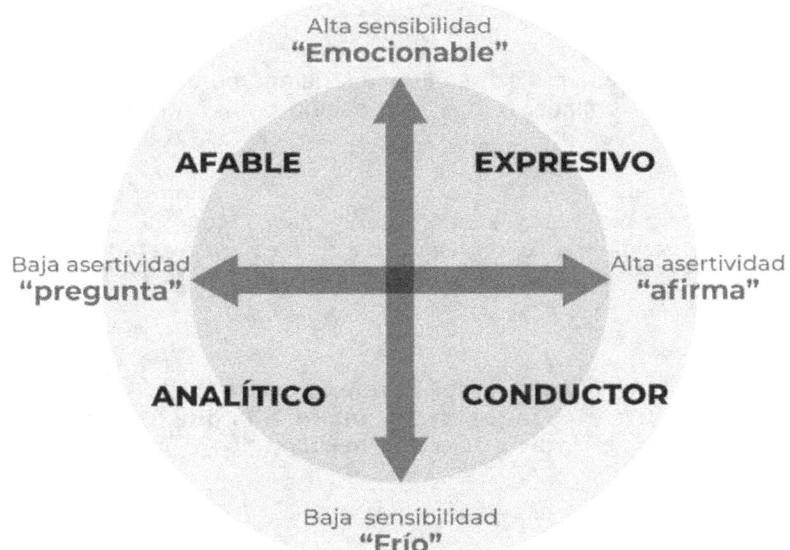

¿Qué es la versatilidad?

Es la medida en que los demás perciben que una persona está dispuesta a abandonar el comportamiento de su "zona de confort" con la finalidad de colaborar más eficientemente con los demás. Es la medida de lo bien que trabajas con los demás, independientemente del estilo de los otros.

La versatilidad no es un conjunto de comportamientos aparte del estilo. La gente aplica la versatilidad a través del prisma de su estilo.
Existen dos pasos claves para entender la relación entre estilo y versatilidad: En primer lugar, es necesario que cada persona
entienda su propio estilo y el estilo de las personas que trabajan con uno; es decir, "conocerse a sí mismo" y "conocer a los demás". Con estas ideas en mente, podemos decir que puedes conocer las necesidades de los demás al igual que las tuyas.

En este punto, puedes entonces ajustar tus comportamientos para trabajar de forma más eficiente con los demás con resultados insospechados.

Cuando los demás ven en ti un alto grado de versatilidad, se dan cuenta que sales de tu zona de confort modificando comportamientos para trabajar en armonía con el equipo al cual perteneces.

Cuando hayas realizado estos ejercicios, la gente con la que trabajas te ofrecerá cierto tipo de retroalimentación sobre tu comportamiento. Puede que no sea de inmediato, ya que a veces lleva tiempo que las percepciones de la gente se unan a un cambio de comportamiento. Al menos, inicialmente, puede que ni tan siquiera se hable de ello. Pero de alguna manera te ofrecerán sus opiniones acerca de tu comportamiento. Este es un indicador de tu versatilidad.

Como verás, la versatilidad va más allá de esta definición general. Pero, en esencia esto es lo que es. Actuar de cierta forma respecto a los demás hace que te muestren respeto y apoyo, a esto es lo que nos referimos como versatilidad.

Algunas preguntas que pueden ayudarte a comprender y conocer en qué grado de versatilidad te encuentras hoy son:

¿La gente que trabaja contigo disfruta de trabajar contigo?, ¿se sienten cómodos hablando e intercambiando información?, ¿pueden confiar en ti? Si las respuestas son afirmativas fácilmente, tienes un alto grado de versatilidad; sino, a trabajar en salir de tu zona de confort, modificando tus comportamientos que permitan a los otros verte cerca de ellos, trabajando de manera más efectiva con los demás.

Conocer lo más posible a tus clientes, te da una gran ventaja sobre tu competencia, ya que te adelanta un paso para capitalizar la gestión de ventas.

Para conocer a tus clientes hay diversas herramientas que funcionan muy bien, por ejemplo, Pete Nelson colorea cuatro tipos generales de personalidad de consumidores, representados en una matriz que te ayuda a ofrecer de forma más asertiva tus productos en un mercado dinámico, como los puntos de venta de consumo masivo.

Por su parte, William Moulton Martson crea en 1928, en su publicación Emotions of Normal People, una herramienta de valoración de personalidades –muy bien conocida como perfil– llamada DISC. Ésta es utilizada principalmente en recursos humanos, pero aplicada en el área comercial se convierte en una herramienta poderosa que te permite entender mejor a tus clientes y acercarles los productos adecuados a sus necesidades. En 1964, el doctor David W. Roger Merrill y Roger Reid comenzaron una investigación para desarrollar un modelo que pudiera predecir el éxito de la venta y gestión de
carreras; dicho modelo fue trabajado y presentado por el doctor James W. Taylor como "Matriz de Estilo Social".

Con esta matriz, de acuerdo a la asertividad y sensibilidad de los diferentes tipos de personalidades, podrás obtener cuatro tipos de clientes con las siguientes características:

Cliente expresivo:
1. Viste con ropa de marca y de moda.
2. Prefiere colores llamativos.
3. Pregunta por productos con innovación.
4. Puede llegar a ser un tanto burlón o sarcástico.
5. Puede ser carismático, pero también petulante.
6. No está muy preocupado por el precio.
7. Cliente amable:
8. Viste cómodamente, con colores vistosos.
9. Tiene trato amable y cordial.
10. Hace mención de su familia.
11. Busca garantías.

Cliente conductor:
1. Viste de forma conservadora y prefiere colores oscuros.
2. Sabe muy bien lo que quiere.
3. Habla de forma directa y poco amigable.
4. Le interesan los costos.

Cliente analítico:
1. Viste regularmente de manera conservadora.
2. Pregunta mucho.
3. Analiza los beneficios de los productos.
4. Le gusta que se le demuestre con hechos y por escrito.

Al hacer un análisis de los consumidores y agruparlos de acuerdo a las características de cada grupo planteado en la Matriz de Estilo Social, es más fácil que orientes los esfuerzos y la venta de acuerdo a las necesidades de cada uno de los tomadores de decisiones.

Por ejemplo:

¿Cómo le vendes a un cliente expresivo?
1. Capta su atención con la idea principal (apóyate de presentaciones audiovisuales).
2. Demuestra cómo el producto le ayuda a conseguir estatus y reconocimiento personal.
3. Muéstrale el producto en forma creativa.
4. Demuéstrale que es innovador y que es el primero en usarlo.
5. Utiliza cierres directos y por elección.
6. Muestra interés en lo que habla el cliente.
7. Es fácil que hagas un Cross-selling (venta de algo complementario) y un Up-selling (venta de algo similar). (En caso de contar con un portafolio muy diverso de productos y servicios).

¿Cómo le vendes a un cliente amable?
1. Mantente relajado y amigable.
2. Ofrece garantías.
3. Muestra el producto en función de las mejoras que puede obtener el cliente y su familia.
4. Sé concreto en la presentación.
5. Utiliza cierres directos.
6. No pierdas el control de la venta (es fácil perder el control de la venta y desviar el objetivo mediante la plática de temas demasiado personales).
7. Empuja el cierre.
8. Es fácil que realices un Up-selling.

¿Cómo le vendes a un cliente conductor?
1. Muestra el producto de forma concreta.
2. Busca detectar de manera rápida y precisa sus necesidades.
3. Enfatiza el costo-beneficio de tu producto o servicio.
4. Utiliza cierre por elección.
5. No trates de imponer tu punto de vista.
6. No presiones para el cierre.
7. Es fácil que hagas un Up-selling.

¿Cómo le vendes a un cliente analítico?
1. Utiliza hechos, principios y lógica.
2. Emplea y haz notar los aspectos únicos del producto.
3. Muestra los beneficios del producto con soportes por escrito.
4. Enfatiza los beneficios a largo plazo.
5. Utiliza cierres directos.

6. Identifica bien cuál es la duda que tenga y no des jamás más información de la solicitada.
7. Es fácil que realices Cross-selling y Up-selling.

Es importante que entiendas que no existen usuarios puros en cada segmento, por lo cual es recomendable llevar a cabo la segmentación de tus cuentas clave.

El mensaje principal es: conoce bien a tus clientes, conoce bien tu mercado, conoce bien tu producto, porque vender es hacer que el cliente compre de manera inteligente.

Ahora ya que sabes cuáles son los estilos sociales y entender que tienes que hacer diferencias en la presentación, otra parte importante es saber que nos comunicamos de tres maneras distintas, existe la gente que es visual, auditiva, kinestésica y sensorial.

¿Cuáles son los diferentes tipos de comunicación que te puedes enfrentar con clientes?

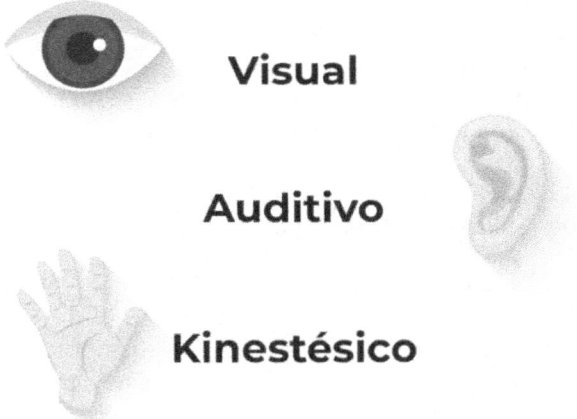

Visuales

¿Cómo hablan?
La gente visual habla mucho con las manos, con el cuerpo, se mueve mucho. Dicen palabras como viste, observaste, ¿me estás viendo?, es gente que habla mucho de los ojos, pone muchísima atención si le hablas de frente y si lo estás viendo.

¿Cómo aprenden?
Los visuales les gusta mucho aprender viendo, leyendo, con películas, con computadoras, les encanta ir viendo el paisaje.

¿Cómo es su entorno?
El entorno de la gente visual es muy ordenado, todo concuerda, los colores, las formas, es realmente un ambiente muy en armonía visualmente.

¿Cómo se visten?
Se visten combinados desde los zapatos, calcetines, ropa interior, collar, todos los colores son vistosos y las marcas son muy importantes.

¿Cuáles son sus hobbies?
Pintar
Dibujar
Cine
Pasear en el parque
Ver películas
Ver tv
Ver al amanecer.

¿Cómo venderles?
Tienes que hacerles presentación.
Tienen que ver.
Si es posible llévalos al campo de batalla a que vean el producto o servicio en acción.
Muéstrales gráficas.
Haz énfasis en el ambiente visual.

Auditivo

¿Cómo hablan?
Dicen palabras como escuchar, oír, me estás oyendo, como me dijiste, te escuché, hablan o muy despacio o demasiado fuerte, utilizan palabras muy sofisticadas y se acuerdan de todo lo que les dijiste, generalmente esta gente te escucha o platica de lado para poder ponerte atención.

¿Cómo aprenden?
Les gusta escuchar audio libros, conferencias, asistir a cursos, quieren que les platiques.

¿Cómo es su entorno?
No es tan ordenado visualmente, pero generalmente tienen música suave o con mucho silencio, les gusta sentirse bien en su ambiente sin importar tanto como luzca.

¿Cómo se visten?
Se visten bien pero no tan ordenados como los visuales, son los que menos atención le ponen a la vestimenta.

¿Cuáles son sus hobbies?
Escuchar música.
Platicar.
Que les platiques.
Oír la naturaleza.
Oír la radio.
Tocar algún instrumento.
Bailar.

¿Cómo venderles?
Tienes que platicarles.
Ponles un video con experiencia auditiva.
Dales datos.
Pon atención a lo que dices.
Tonos de voz de acuerdo a como ellos hablan.
Testimonios de los clientes hablados o en video.
Ponles música o absoluto silencio.

Kinestésico

¿Cómo hablan?
Hablan muy atrabancado y rápido, les gustan las cosas inmediatas, súper apurados y pueden atropellar a la gente, dicen groserías. Son de los que te saludan y te dan un masaje en la espalda o una palmada fuerte.

¿Cómo aprenden?
Aprende haciendo, tiene que hacer para poder aprender a hacer algo.

¿Cómo es su entorno?
Su entorno es muy cómodo, no importa si está desordenado el cuarto con que este cómodo, la silla pueda estar rota pero si se siente bien con eso es más que suficiente.

¿Cómo se visten?
Se visten muy cómodos, zapatos cómodos, no importan las marcas solo la comodidad, puede usar el mismo pantalón y camisa pero que sean cómodos.

¿Cuáles son sus hobbies?
Hacer ejercicio.
Caminar.
Ir a lugares naturales.
Abrazar.
Hacer masaje.
Que le den masaje.

¿Cómo venderles?
Que prueben el producto,
Que hagan y deshagan con él, tienen que sentir la emoción del producto o servicio, que con sus propios manos lo pongan a prueba.
Llévalos a que prueben el producto en el campo.
Un video interactivo.

Sensorial

¿Cómo hablan?
La gente que es sensorial, te va a hablar mucho de olores, qué rico huele, o qué linda música, lo que hacen ellos es poner demasiada atención a las sensaciones alrededor de donde están.

¿Cómo aprenden?
Aprenden con olores, con sensaciones, con buena luz, con música, necesitas activarles todos los sentidos.

¿Cómo es su entorno?
El entorno de la gente sensorial es demasiado armonioso y ponen mucha atención al olor.

¿Cómo se visten?
Huelen rico y se visten muy bien.
¿Cuáles son sus hobbies?
Es una combinación de todos.

¿Cómo venderles?
Es una combinación de todos.
Es muy importante que tengas la facilidad de poder detectar a tu cliente para poder venderle adecuadamente, para mí no existe gente que no haga química, simple y sencillamente lo que ocurre es que no le estás sabiendo comunicar adecuadamente, sea tu pareja, hijo, padre, cliente, etc. Tienes que aprender a comunicarte adecuadamente, practicar es la clave, primero analiza la gente a tu alrededor, haz un plan de cómo hacer química, la química es por un común denominador de actividades, es como el amor, si haces ciertas actividades en conjunto y le satisfaces la necesidad con la comunicación adecuada entonces se da.

Es lo mismo en cualquier relación, sea de ventas o sentimental. Tienes que aprender a comunicarte y ser un excelente actor dependiendo de la situación en la que te encuentres y con la persona que tengas enfrente.

¿Para qué saber contar historias y chistes?

El hombre aprende más con historias que con discursos, como $úper Vendedor debes de aprender a contar historias, a meterles drama, a que si el cliente quiere saber más sobre productos te aprendas datos e historias de tus clientes para que se las platiques
con lujo de detalle, aprende a contarlas como le debes de contar los cuentos a tus hijos, con los tonos de voz, con las palabras adecuadas que van a hacer que a tu cliente se le erice la piel.

Los chistes también son parte importante dentro de las presentaciones, solo asegúrate que sea un cliente que le gusten los chistes, 1 de cada 100 personas de negocio le gustan los chistes y tiene buen sentido del humor, es importante que te sepas bromas para cuando lo requiera tu cliente y el ambiente.

> *"Emplea mucho tiempo en hablar con los clientes cara a cara. Te sorprenderá saber cuántas compañías no escuchan a sus clientes."*
>
> *Ross Perot*

Ya que sabes identificar el tipo de comunicación de tu cliente, entonces tienes que aprender a leer la comunicación no verbal del mismo, para saber por dónde es que tienes llegarle cuando estés haciendo el cierre de la venta.

¿Sabías que el 80% de la comunicación es no verbal?

El 80% de la comunicación es no verbal, 10% es el tono y el 10% son las palabras que dices, esto quiere decir que una persona te expresa más con lo que hace y como actúa que con lo que te dice. Con esto tienes que analizar como $úper Vendedor cada paso que da tu cliente durante la presentación y en el cierre, tienes que aprender a leer sus gestos, cada palabra que digas y el impacto que tiene en su persona.

Son 4 partes dentro de la comunicación no verbal:

1. La primera parte la determinan sus brazos y sus piernas

Si estás haciendo la presentación y tu cliente está con los brazos o piernas cruzados esto quiere decir que está cerrado y no quiere escuchar la información, no quiere decir que tiene frío o que está cómodo, ninguna de esas cosas, recuerda que el 98% de nuestros pensamientos los domina nuestro cerebro subconsciente, entonces si hay algo que no nos gusta o nos da dolor el cerebro automáticamente lo que hace es cubrir nuestras partes más vulnerables como el corazón o nuestros genitales. Tienes que aprender a que el cliente mientras más abierto esté con sus manos y brazos más abierto y receptivo a recibir la información de nuestro producto o servicio, si cruza las manos entonces pásale una pluma, o pídele que escriba algo para que las descruce.

> "Cuando las personas hablan, escuche completamente."
>
> *Ernest Hemingway*

2. La segunda parte es el contacto visual

Para donde voltee tu cliente determina en gran medida también si te está diciendo la verdad o no, tienes que aprender a observar la mirada de la persona cuando hagas preguntas claves, cuando los ojos voltean hacia arriba significa que tuvo que visualizar o recordar algo por medio de imágenes.

Estudios neurológicos han demostrado que el movimiento del ojo está asociado con la activación de distintas partes del cerebro. El ojo está conectado al cerebro por un nervio y éste accede diferentes departamentos del cerebro según tenga necesidad.

Se descubrió que para buscar imágenes recordadas, la mayoría de la gente mueve los ojos hacia arriba a la izquierda. Para crear imágenes nuevas, que no se han vivido, mueve sus ojos arriba a la derecha, este es el canal de los sueños, de los proyectos y de la creatividad.

Cuando alguien busca un sonido recordado, moverá sus ojos a la izquierda a la altura del oído, y cuando se trate de crear un nuevo sonido, o de imaginárselo, sus ojos se irán a la derecha a la altura del oído. Este es el canal de los compositores, músicos, conferencistas al crear su ponencia, etc.

Si la persona necesita resolver un problema, preguntarse acerca de alguna situación y sacar conclusiones, bajará su vista a la izquierda, y si quiere estar con sus sentimientos, tenderá a poner la vista abajo a la derecha. Si sus sentimientos son de depresión, angustia, miedo, tristeza, etc., hay que procurar salir de ese canal, moviendo los ojos hacia otro lado.

Estas claves son para la mayoría de las personas, sin embargo, hay algunas que pueden tener las claves oculares cruzadas, o sea en el lado opuesto. Esto puede aplicar para personas zurdas. Esto también es normal, lo importante es descifrarlas.

El estar consciente de los movimientos oculares, nos puede ayudar a mover los ojos hacia donde lo necesitamos. *Ejemplos:*

- Cuando necesitamos acordarnos de algo, mover los ojos hacia arriba a la izquierda, nos proporcionará la información que requerimos más rápidamente. Esto aplica para las personas con mala memoria.

- Cuando necesitamos hacer proyectos, moviendo los ojos hacia arriba a la derecha nos será más fácil, imaginándonos los resultados que queremos.

- Cuando tenemos un problema y necesitamos resolverlo o generar opciones, lo correcto es moverlos hacia abajo a la izquierda. Aquí encontraremos las respuestas que necesitamos. Es el canal del análisis.

- Cuando nos encontramos en un estado anímico desfavorable, hacer conciencia de que los ojos no deben bajar a la derecha, pues esto incrementará la sensación.

El movimiento ocular consciente, es una forma de descubrir cómo funciona nuestro cerebro. Incluso a través de las claves oculares, y con la práctica, podemos enseñarle al cerebro nuevos caminos para corregir conductas, actitudes o reacciones no deseadas. "Mirar" hacia el lado correcto a la hora de buscar información, es una habilidad muy útil.

3. La tercera parte es el sentado, gestos y posturas

Siéntate siempre de frente a la persona, solo pregunta primero cuál es el lugar que puedes ocupar, pero después de esto busca estar frente al cliente en todo momento, además lee las posturas del cliente la postura de venta es siempre de interés, ¿cómo se sienta una persona interesada? Se sienta con una inclinación hacia adelante.

Con interés o tocándose la cara como analizando la información, leer qué parte de la cara se toca tiene todo que ver en la venta. Si se toca la barbilla y está inclinado hacia adelante tiene todo el interés en lo que le estás hablando. Pero si ves que se toca los ojos y se los frota, significa que no quiere ver lo que está viendo, entonces hazle preguntas ¿puedo continuar? o ¿tiene alguna pregunta que le pueda responder?, si se toca la nariz es que algo no le gusta como huele, puede ser de tu presentación o del precio o de algo más, tu tarea es investigar qué haciéndole preguntas.

Si se toca la boca es que te quiere decir algo, es importante que lo dejes hablar, si se toca el oído es porque no quiere escuchar entonces hay algo que no le gustó de lo que le dijiste, no precisamente porque hayas hablado inapropiadamente sino porque es probable que sea por el momento complicado por el que está pasando.

4. La cuarta parte es el tono de voz y énfasis en palabras

Si el cliente te habla con tonos bajos de ciertas cosas y otras cosas que las comenta gritando, entonces tienes que poner atención a esas palabras o enunciados, atrás de estas hay muchísima información que puedes utilizar para poder venderle y ayudarle, cópiale su tono de voz y usa las mismas palabras que él.

80% de la comunicación es no verbal, 10% es el tono y solo 10% es lo que dices con las palabras, así que mejor cállate y deja que el cliente sea el que hable. Aprende a dominar tu comunicación no verbal y tu lenguaje corporal.

> **"Desarrolla el hábito de escuchar dejar que el cliente domine la conversación."**
>
> *Brian Tracy*

Al finalizar una presentación siempre, siempre, pero siempre tienes que hacerte el cuestionario del aprendizaje ya que estés en tu carro. Siempre, hayas vendido o no debes hacerte el cuestionario del aprendizaje que viene a continuación.

¿Por qué es importante que hagas una presentación para mujeres y otra para hombres?

Tienes que comprender como $úper Vendedor que las mujeres hablan 3 veces más que los hombres, a las mujeres les gustan los detalles, les gusta que les digas las cosas con historias y que te tomes todo el tiempo del mundo, es completamente diferente venderle a un hombre que a una mujer, haz 2 presentaciones diferentes, una larga y una corta.

$uper Vendedor

Para nadie es un secreto que las mujeres hablan mucho más que ellos, algo que quedó comprobado gracias a un estudio realizado por la neurosiquiatra estadounidense Louann Brizendine, éste reveló que las mujeres dicen cerca de 13 mil palabras más que los hombres cada día. Esto sería provocado por una proteína presente en el cuerpo denominada FOXP2, más conocida como "la proteína del lenguaje".

El psicólogo de Megasalud, Ricardo Bascuñán, señaló en "Podría Ser Otra Cosa" que hay varios elementos de este estudio que son fácilmente explicables. Aparte de analizar los genes, hay que revisar de dónde proviene cada mujer y cuál es su entorno, y el que hablen más no significa que lo que digan tiene menos contenido o menos relevancia.

"Las mujeres efectivamente hablan más porque tienden a detenerse en detalles que los hombres no ven generalmente. Al estar inmersas en un mundo que les exige verse bien, ser buenas dueña de casa y donde hay que adaptarse rápido y en forma correcta, observan otros aspectos de la realidad. En esa lógica, ven más detalles de lo que la masculinidad puede hacer", señaló el profesional.

"Por otro lado, el mundo se ha encargado de hacernos la vida más fácil a los hombres", dijo Bascuñán, quien señaló además que "Lo cierto está en que este tipo de estudios hacen notar que biologías distintas procesan distinto las experiencias".

Esto también explicaría por qué las mujeres no se sienten conformes con una respuesta concisa, y por qué ellas aseguran que los hombres "no saben mentir". "La mujer tiene muchas más habilidades para comunicarse que los hombres", dijo finalmente el profesional.

¿Qué te tienes que preguntar después de cada presentación?

Recuerda que la calidad de las preguntas que te hagas es la calidad del éxito que vas a tener. Las preguntas van a darte la solución a cada problema y el aprendizaje en cada derrota.

"Yo siempre aprendo algo, o aprendo o aprendo."

David Gaona

La primera pregunta que tienes que hacer es **¿qué pasó?,** vendiste o no vendiste, si vendiste qué pasó durante la venta, fue sencilla o fue complicada. Si no vendiste qué fue lo que pasó durante la venta, qué puedes sacar de la junta o presentación de venta que acabas de tener.

La segunda pregunta que te tienes que hacer es **¿qué funcionó?,** siempre hay algo que sí funcionó, tienes que aprender a preguntarte ¿qué sí funcionó? sin importar si vendiste o no, para poder seguir haciéndolo, y celebrar lo que sí has hecho bien, porque sin duda hubo muchas cosas que hiciste bien porque el simple hecho de haber ido a la presentación de ventas significó que hiciste cosas bien.

La tercera pregunta es **¿qué no funcionó?** Tienes que identificar lo que no hiciste bien durante la venta para poder mejorarlo, haz una lista de lo que podrías mejorar si regresaras el tiempo, tienes que trabajar en las áreas de oportunidad y lo mejor es corregir cuando termines la presentación, haz una lista y plan de trabajo y asegúrate que la próxima vez que presentes lo hagas mejor. Pero siempre va a existir área de mejora.

La última pregunta es **¿qué aprendí?,** inmediatamente que termines tienes que aprender algo, hayas vendido o no, siempre aprendemos, si vendiste puede ser que hayas aprendido que pudiste haber vendido más, que te tardaste mucho en la presentación, que hablaste mucho, si no vendiste también qué fue lo que aprendiste, siempre se aprende algo.

CHECKLIST DE VENTAS

1. Ropa de acuerdo a cliente.
2. Cepillo de dientes, pasta, perfume y desodorante.
3. Ropa de repuesto.
4. Computadora.
5. Disco duro y USB.
6. Proyector.
7. Libreta y pluma para anotaciones.
8. Pañuelos de papel.
9. Libreta de teléfonos.
10. Presentación de acuerdo a comunicación/estilo social.
11. Zapatos de seguridad.
12. Tenis y ropa cómoda.

13. Presentación corta.
14. Lista de testimonios.
15. Datos de la empresa que visitas.
16. Lupa y lámpara.
17. Libreta de aprendizajes.
18. Libros de ventas.
19. Audiolibros de ventas.
20. Pluma de colores para hacer anotaciones.
21. Internet inalámbrico.
22. Papelería y contactos.

Poderes de $úper Vendedor

1. Haz tu presentación de 60 segundos y presenta 10 veces tu producto con tu mesa redonda de vendedores. Practícala todo el tiempo y con toda la gente que te encuentres.

2. Desarrolla tu guion para las llamadas telefónicas y prueba 3 diferentes, lleva una estadística.

3. ¿Qué te tienes que preguntar después de cada cierre?
   - **¿Qué pasó?**
   - **¿Qué funcionó?**
   - **¿Qué no funcionó?**
   - **¿Qué aprendí?**

4. Haz una lista de posibles preguntas que te pueda hacer tu cliente y cómo resolverlas.

5. Ten una lista de testimonios o clientes ejemplo para que te puedan ayudar con el proceso de ventas.

6. Realiza una lista de datos que el cliente te pueda pedir de tu producto o servicio.

7. Tener una presentación diferente para cada estilo social, tipo de comunicación y diferencias para hombre y mujer.

PODER = INFORMACIóN + ACCIóN

"La mejor forma de cerrar es callarte, hacer preguntas y vender cuando el cliente te lo pida."

David Gaona

¿Cuál es el cierre más poderoso?
Aprendiendo a cerrar

1. ¿Qué es un cierre?
2. ¿Qué es la eficiencia en cierre de ventas?
3. ¿Qué significa la palabra NO?
4. ¿Cuáles son los 7 cierres más poderosos que existen?
5. ¿Quieres un cierre extra?
6. ¿Qué son las preguntas tipo sí?
7. ¿Cuáles son los 10 pasos para tratar cualquier objeción como un $úper Vendedor?
8. ¿Cuáles son las principales objeciones de tu negocio o servicio?
9. ¿Qué te tienes que preguntar después de cada cierre?
10. Poderes de $úper Vendedor

¿Qué es un cierre?

EFICIENCIA DE CIERRE DE VENTAS			
Llamadas	Presentaciones	Ventas	ECV
100	10	2	20%

"Para tener éxito en ventas, simplemente debes hablar con muchas personas cada día. Y lo emocionante es que ¡hay muchísima gente con quien hablar!"

Jim Rohn

¿Qué significa la palabra NO?

La palabra NO, tienes que comprender que como vendedor significa algo muy diferente que a la mayoría de la gente, realmente estas dos letras significan sí pero en otro momento, significa sí pero tienes que intentar hacerlo de una mejor forma, significa sí, pero tienes que presentarme unas 10 veces más, el no es una oportunidad de mejorar, significa en estos momento no te compro pero es probable que después sí, significa sí pero no me dijiste las palabras adecuadas, significa necesito tiempo para pensarlo, significa realmente SÍ.

"El personal de ventas debería tomar lecciones de sus hijos. ¿Qué significa la palabra "no" para un niño? Casi nada."

Jim Rohn

El cierre de la venta es el momento cúspide dentro del proceso, es donde todos los esfuerzos se deben de ver recompensados. Pero este es en el que la mayor parte de los vendedores falla. ¿Por qué? Por la simple y sencilla razón de que no saben cerrar, no se saben los cierres de memoria, además de esto la falta de práctica y principalmente el temor al rechazo.

El cierre es una probabilidad, son matemáticas puras. Si quieres incrementar tus ventas tienes que aprender a jugar a los números de los cierres. Por ejemplo, tienes que llevar un registro de a cuántas personas les haces las presentaciones, todos los días que hagas tus presentaciones, esto te va a ayudar a ver más fríamente tus resultados y a darte cuenta que es cuestión de tiempo para que puedas vender.

> "Cuando empiezan las preguntas es donde realmente empieza la venta, una pregunta es un disparador del cliente para comprar."
>
> *David Gaona*

¿A qué me refiero con esto? Vamos a suponer que en la semana hiciste 20 presentaciones e hiciste 2 ventas, esto es un porcentaje de efectividad de cierre del 10%, este es el número por el cual se deben de regir todas tus acciones en las ventas, de este número se deben derivar todas las llamadas, las presentaciones, referidos, cobranzas, etc.

Si hiciste 20 presentaciones y cerraste a 2, y quieres tener 10 cierres entonces tienes que hacer 100 presentaciones por semana. Si para cada presentación hiciste 5 llamadas entonces tienes que hacer 500 llamadas, es simple y sencillamente un juego de números.

¿Qué es la eficiencia en cierre de ventas?

El número importante aquí es la efectividad del cierre de venta "ECV". Porque este determina tu ingreso que vas a tener por medio de las ventas, entonces asegúrate que sepas cuántas llamadas haces, ¿cuál es la eficiencia de las llamadas? O sea, cuántos realmente te dieron la cita para la presentación y de estas presentaciones cuánta gente cerraste o le vendiste, te vas a dar cuenta que esto te va a dar calma para la toma de decisiones, pues es muy diferente saber que para vender 1 servicio o producto tienes que hacer 5 presentaciones, entonces tu enfoque va a cambiar completamente, a parte se vuelve mucho más divertido el hacerlo sabiendo que vas a obtener un resultado y que tus resultados dependen de qué tanto te muevas.

El cierre es el responder las preguntas a tu cliente, son las dudas que tiene la persona sobre tu producto o servicio, significa que en la presentación te faltó leer más a tu cliente para que el cierre tuviera muy pocas preguntas. Pero es una parte de la venta, siempre existen preguntas en el cliente antes de que vaya a comprarte. Solo que a veces hay más preguntas y dudas que otras, depende mucho de qué tan bien hagas los primeros pasos anteriores, entre mejores contactos tengas y que vengan referenciados la probabilidad del cierre aumenta y la cantidad de preguntas disminuyen, también depende qué tan bien detectes las necesidades punto G de tu cliente y qué tan bien se las satisfagas durante la presentación de ventas, qué tan bien haces el uso de testimonios y presentar con datos, va a determinar qué tan fácil cierras, si haces bien los primeros pasos te va a ayudar a disminuir el tiempo y la cantidad de dudas y preguntas que tenga tu cliente.

El cierre son preguntas y dudas de tu cliente y que te tienes que entrenar a resolver, tienes que transferir esa emoción y tienes que ayudarle a tomar la decisión. Y sí te entrenaste como $úper Vendedor, vas a tener la información con estos cierres para poder ayudarle a tu cliente, esto es una habilidad que se adquiere primero memorizando los cierres y segundo practicándolos, la práctica va a hacer que estas herramientas las puedas usar como si fueras un vendedor desde la cuna. Apréndete los cierres de memoria y
empieza a usarlos ya, tienes que aprender a usarlos en tiempo y en situaciones adecuadas, pero tienes que tenerlos en la mano todo el tiempo para poder utilizarlos en tiempo. Te los puse en un acróstico para que te los aprendas más fácilmente "CIERRES".

> **"Cuando he alcanzado una victoria no vuelvo
> a utilizar por segunda vez la misma táctica,
> sino que, según las circunstancias,
> varío mis métodos hasta el infinito."**
>
> *Sun Tzu*

Cállate y vende.
Involucra al comprador o cliente en lo que le estás vendiendo
Eliminación, dale opciones hasta que encuentras la respuesta
  correcta.
Rebote, regrésale la pregunta que haya hecho.
Rinoceronte Maestro, úsalo como un asesor para que te diga
  lo que necesita.
Equivocación y amarre, dile alguna fecha equivocada para que te
  diga que sí lo quiere.
Sigue vendiendo, el mejor momento para poder vender es cuando
  acabas de hacerlo.

¿Cuáles son los 7 cierres más poderosos que existen?

Cállate y vende.

¿Cuál es?

Como su nombre lo dice, este es el más poderoso de todos, cuando un cliente te quiere comprar, no le haces presentación, no le enseñas el producto, no platicas con él, no le explicas los beneficios, lo único que haces es venderle, este cierre tienes que aprendértelo muy bien y ser el que mejor utilices, hay muchos vendedores que no quieren vender aun cuando el cliente quiere comprar, por favor si el cliente quiere comprarte sin explicaciones solo ¡Cállate y véndele!

¿Cuándo se utiliza?

Este se utiliza cuando el cliente ya está decidido y no quiere ninguna explicación solo quiere que le des el producto o servicio, está desesperado y regularmente llega a la tienda o a la oficina gritando que le vendan, lo que hay que hacer con este cliente es ofrecerle más de 2 productos, pero primero véndele.

> *"La única presión durante una presentación profesional de ventas debe ser el silencio que ocurre después de hacer pregunta de cierre."*
>
> *Brian Tracy*

Involucra al comprador o cliente en lo que le estás vendiendo.

¿Cuál es?

Es el cierre de involucramiento, dile al cliente que se imagine usando tu producto o servicio, hazle comentarios como "cuando le llegue su producto", o "cuando esté usando el carro" tienes que hacer que el cliente se involucre e imagine usando tu servicio o producto, también es importante que lo hagas que use tu producto o servicio, que lo sienta y que sepa la sensación de poder usarlo.

¿Cuándo se utiliza?

Este lo debes de usar todo el tiempo, tienes que hacerle sentir el deseo a tu cliente, que lo imagine varias veces, si es posible que también lo utilice varias veces, que aprenda a abrir el paquete si está empacado. Recuerda que este lo debes de estar usando todo el tiempo.

Eliminación, dale opciones hasta que encuentras la respuesta correcta.

¿Cuál es?

Este cierre es donde le das dos o tres opciones para que él escoja, lógicamente tienes que aprender a hacerle las preguntas correctas al cliente, por ejemplo, si le estás vendiendo un carro lo que le preguntas es ¿quiere el auto de lujo o el nivel medio?, siempre incluye el producto más caro que tengas, manéjale opciones
donde tú lo direcciones hacia donde tú quieres. O por ejemplo ¿quiere que le llegue su producto el día 10 u 11 de agosto?, tienes que darle varias opciones para que él sienta que está tomando la decisión.

¿Cuándo se utiliza?

Cuando el cliente sí quiere comprar, pero no se decide sobre la opción o tiene dudas sobre la fecha de entrega, tienes que ser muy inteligente y tener las opciones a la mano para que le ayudes a tomar la decisión.

Rebote o regrésale la pregunta que te haya hecho.

¿Cuál es?

Este es el cierre donde el cliente te da una objeción fuerte como: "me dijeron que el carro tenía fallas de mecánica." Le respondes una objeción con una pregunta rebote, ¿si le demuestro que el carro es el que menos fallas de mecánica de mercado tiene se lo lleva? o ¿si le extiendo la garantía por un año más lo compra?

¿Cuándo se utiliza?

Se usa cuando el cliente te está bombardeando con objeciones y le has contestado una tras otra, entonces tú tomas esa energía y se la regresas.

> **"Es insensatez pura hacer la misma cosa,
> del mismo modo y esperar un resultado diferente."**
>
> *Rober Milliken*

Rinoceronte maestro, úsalo como un asesor para que te diga qué es lo que necesita.

¿Cuál es?

Este es algo que se utiliza mucho en la industria del multinivel, es cuando ya llevas 1 hora buscando cerrar al cliente y de repente le dices que te vas a retirar, empiezas a guardar tus cosas y entonces le preguntas que si te puede dar retroalimentación porque se nota que él es una persona muy experimentada, entonces él o ella te empiezan a explicar y te van a decir que utilices más datos y gráficas entonces le preguntas ¿me faltaron darle más datos entonces? A lo que te va a contestar positivamente y es ahí donde tú puedes usar otro cierre pues ya te pasó la objeción que necesitabas.

¿Cuándo se utiliza?

Este se utiliza cuando ninguno de los cierres ha funcionado, este es uno de los cierres maestros pues usas al cliente para que te diga cómo hacer para cerrar.

Equivocación y amarre, dile alguna fecha equivocada para que te diga que sí lo quiere.

¿Cuál es?

El cierre de equivocación es cuando le das a propósito fechas equivocadas o le ofreces algún modelo o servicio más caro de lo que él estaba interesado. Funciona así, tú le vas a decir "Entonces Sr. Cliente ¿va a querer que empecemos el proyecto de asesoría para la primera semana de enero cierto? A lo que él o ella te van a contestar, "No, yo lo quiero para la tercera semana de enero", entonces ahí es donde ya amarraste la venta.

¿Cuándo se utiliza?

Cuando el cliente ya se decidió y te dio fecha de compra solo que lo está pensando demasiado.

$uper Vendedor

Sigue vendiendo, el mejor momento para poder vender es cuando acabas de hacerlo.

¿Cuál es?

Este es algo que la mayoría no utiliza y es una vez que hagas una venta, este es el mejor momento para seguir ofreciendo tu producto o servicio, ahí es donde tu energía está en el pico máximo, es donde tus clientes van a sentir que tú eres un $úper Vendedor, ahí es donde tienes que seguir vendiendo, primero celebra, pero luego buscar venderle más productos a tu cliente, y si no le pides referidos y sigues vendiendo. Mínimo te pones a hacer llamadas.

¿Cuándo se utiliza?

Siempre que acabas de vender, tienes que usar esa energía para vender más, recuerda que en estos momentos es cuando mejor te sientes y más energía positiva tienes.

¿Quieres un cierre extra?

El cierre de usar la papelería ya llena para la venta.

¿Cuál es?

Es muy sencillo pero muy poderoso, llévate el contrato o la papelería ya llena para que cuando venga el momento del cierre lo saques y lo llenes junto con el cliente, trata de llenar lo más posible y nunca pares hasta que hagas el cierre.

¿Cuándo se utiliza?

Se utiliza cuando el cliente está indeciso y te ha dicho que lo quiere pensar, es momento de sacar la papelería y empezar a llenar hasta que cierres.

¿Qué son las preguntas tipo sí?

Durante el cierre tienes que hacer preguntas tipo sí, tienes que asegurarte que tu cliente por lo menos en la presentación de 60 minutos te diga 30 veces que sí.
Las preguntas tipo sí son obvias para que el cliente vaya entrando en calor para que te diga que sí al momento de la compra y del cierre. Ya que las empiezas a hacer te vas a dar cuenta cómo se te hace más fácil hacer el cierre pues ya lo has ido preparando durante la presentación. Tienen que ser preguntas que tú sabes que la respuesta es sí.

1. ¿Está haciendo calor verdad?
2. ¿Está muy pesado el trafico verdad?
3. ¿Tu empresa es de plásticos verdad?
4. ¿Venden más productos de plástico verdad?
5. ¿Eres de Monterrey cierto?
6. ¿Estás casado cierto?
7. ¿Te gusta jugar basquetbol cierto?
8. ¿Estudiaste en el Tecnológico de Monterrey verdad?

Las preguntas tipo sí, van a ir preparando a tu cliente para que lo cierres, entre más preguntas tipo sí, más es la posibilidad de cierre.

Cuando tengas una objeción sigue estos 10 pasos para poder tratar cualquier objeción, estos pasos funcionan siempre y puedes usarlo en todo momento que alguien te diga NO o te haga una pregunta sobre tu producto o servicio.

¿Cuáles son los 10 pasos para tratar cualquier objeción como un $úper Vendedor?

1. **Ignora la objeción y no lo tomes personal**: Recuerda que el cliente tiene miedos, por lo tanto ignora si te dice algo que te hizo sentir mal o si te dijo que no.
2. **Escucha con atención:** siempre escucha lo que te acaba de decir, escúchalo por lo menos 1 minuto seguido hasta que te diga todo lo que quiere decir.
3. **Comenta lo último que te dijo**: comenta de lo que te acaba de decir y repite lo último que te dijo para que le demuestres que le estás poniendo atención. Por ejemplo "Sr. Cliente entonces piensa que mi servicio de asesoría es muy caro" ¿cierto?
4. **Pregunta sobre la objeción:** una vez que repitas lo que te acaba de decir, entonces le preguntas ¿por qué piensa usted que es caro nuestro servicio?, ¿comparado contra quién?
5. **Contesta la objeción:** ya que tengas suficiente información entonces le das suficiente información con respecto a la objeción, por ejemplo: "Sr. Cliente estoy de acuerdo con usted que es caro si nos compara contra la competencia, pero quiero que comprenda que si lo ve a tres meses de hecho vamos a tener un retorno de inversión 2 veces más rápido que los otros proveedores contra los que nos está comprando, mire aquí tengo información para respaldar mi comentario." (aquí es donde usas testimonios).
6. **Alinea su objeción:** aquí es donde aseguras que el cliente ya no tenga más preguntas, alineas que todas sus dudas estén contestadas.
7. **Cambia la objeción en pregunta:** si te llega a decir alguna otra objeción entonces le empiezas a hacer preguntas sobre la objeción que te ha comentado.
8. **Contesta la objeción:** es igual que el paso número 5.

9. **Cierra:** aquí es donde usas los CIERRES, hasta que alguno te funcione.
10. Asume la venta en todo momento recuerda que el **NO=SÍ**.

¿Cuáles son las principales objeciones de tu negocio o servicio?

Todas las objeciones son las mismas, sin importar el producto o servicio, terminan donde mismo, dinero, confianza en el producto o la persona, no hay necesidad y tiene que revisarlo con alguien más, la principal tarea aquí es que aprendas a contestarles y a tenerles opciones para que los encamines como un $úper Vendedor, para así poder venderles y ayudarles. Aquí la clave es preparación, hazte la pregunta ¿cuál sería una objeción en mi negocio y cómo puedo tener herramientas para contestarlas?

> **"Toda venta tiene 5 principales obstáculos:**
> **no hay necesidad, no hay dinero, no hay prisa,**
> **no hay deseo y no hay confianza."**
>
> *Zig Ziglar*

1. **No tiene dinero:** aquí prepárate para que les des opciones, pago con tarjeta de crédito, opciones de financiamiento, que te vaya dando anticipos, la clave es la preparación, dale 3 opciones donde sea imposible que te diga que no.

> **"El precio siempre es un problema, solamente**
> **si usted suena igual que todo el mundo"**
>
> *Paul Di Modica*

2. **Tiene que revisarlo con otra persona:** esto realmente se lo tragan la mayoría de los vendedores "normales" los $úper Vendedores no, nosotros sabemos que el cliente no va a revisar nada, simplemente te está diciendo que fuiste convincente así que enfócate más en que se dé el cierre, si realmente tiene que revisarlo con alguien acompáñalo hasta donde tengas que ir y preséntale en ese mismo momento si es posible.

3. **Tiene que probar el producto:** la clave es la preparación, tienes que llevarte tu paquete de productos, prepara videos donde venga más a detalle el uso de tu producto o servicio, usa testimonios, para cada cosa que te pida tienes que tener una herramienta que puedas usar.

4. **No tiene la necesidad en ese momento:** aquí es importante que la falta de deseo nunca aparezca, siempre tienes que pensar en cómo hacer que el cliente quiera más, productividad, salud, riqueza, etc. Lo que sea el ser humano tiende a querer en aumento, entonces tienes que trabajar en cómo responder a esta objeción y crear necesidad.

5. **No hay confianza:** Presenta testimonios de gente conocida, que ellos sean los que vendan por ti, pero como en todos los casos la clave es la preparación, prepara tu maletín de herramientas como $úper Vendedor y úsalo en el momento adecuado.

¿Qué te tienes que preguntar después de cada cierre?

La primera pregunta que tienes que hacer es **¿qué pasó?**, vendiste o no vendiste, si vendiste qué pasó durante la venta, fue sencilla o fue complicada. Si no vendiste qué fue lo que pasó durante la venta, qué puedes sacar de la junta o presentación de venta que acabas de tener.

La segunda pregunta que te tienes que hacer es **¿qué funcionó?**, siempre hay algo que sí funcionó, no importando si vendiste o no tienes que aprender a preguntarte ¿qué sí funcionó?, para poder seguir haciéndolo, y celebrar lo que sí has hecho bien, porque sin duda hubo muchas cosas que hiciste bien porque el simple hecho de haber ido a la presentación de ventas significó que hiciste cosas bien.

La tercera pregunta es **¿qué no funcionó?** Tienes que identificar lo que no hiciste bien durante la venta para poder mejorarlo, haz una lista de lo que podrías mejorar si regresaras el tiempo, tienes que trabajar en las áreas de oportunidad y lo mejor es corregir cuando termines la presentación, haz una lista y plan de trabajo y asegúrate que la próxima vez que presentes lo hagas mejor. Pero siempre va a existir área de mejora.

La última pregunta es **¿qué aprendí?**, inmediatamente que termines tienes que aprender algo, hayas vendido o no, siempre aprendemos, si vendiste puede ser que hayas aprendido que pudiste haber vendido más, que te tardaste mucho en la presentación, que hablaste mucho, si no vendiste también qué fue lo que aprendiste, siempre se aprende algo.

Poderes de $úper Vendedor

1. Apréndete de memoria los CIERRES de la venta:

   - **C**állate y vende.
   - **I**nvolucra al comprador o cliente en lo que le estás vendiendo
   - **E**liminación, dale opciones hasta que encuentras la respuesta correcta.
   - **R**ebote, regrésale la pregunta que haya hecho.
   - **R**inoceronte Maestro, úsalo como un asesor para que te diga lo que necesita.
   - **E**quivocación y amarre, dile alguna fecha equivocada para que te diga que sí lo quiere.
   - **S**igue vendiendo, el mejor momento para poder vender es cuando acabas de hacerlo.

2. Contesta las 10 principales objeciones de tu negocio.

3. Prepara testimonios y ejemplos de clientes que ya tengan los resultados.

4. Practica diariamente los cierres con tu grupo de vendedores.

5. Haz unas tarjetas con los cierres y apréndetelos.

6. Escucha el audio de cierres de Universidad de la Calle.

7. Pídele a alguien te dé retroalimentación de los cierres de venta y presentaciones.

PODER = INFORMACIóN + ACCIóN

"La venta es un proceso, la cobranza es parte de ella, así que, aprende a disfrutarla."

Philip Kotler

¿Sabías que la garantía de resultados te va a dar 30% más de ventas?

Solicitar pago y garantía de resultados

1. ¿Cuáles son los aspectos a cuidar en el proceso de pagos?
2. ¿Por qué hay empresas que venden mucho y quiebran?
3. ¿Qué es el servicio al cliente y cuál es su importancia?
4. ¿Cuál es la importancia del servicio al cliente?
5. ¿Qué es una garantía de resultados?
6. ¿Por qué es importante una garantía?
7. Poderes de $úper Vendedor

Me ha tocado trabajar en mi empresa de consultoría con clientes en China, Estados Unidos, México, Argentina, Panamá, Perú, República Dominicana, etc.

Hay algo de lo cual adolecen la mayoría de las empresas y es el proceso de solicitar los pagos a los clientes, en un 30% de las empresas las cuentas por cobrar que son los cobros que están pendientes por la venta de los productos o servicios son muy altos, un número para alarmarse dentro de la empresa es arriba de un 30% de cartera vencida, esto significa que si vendiste $10 millones de dólares en un mes te quedó pendiente cobrar 3 millones. Este número impacta fuertemente el proceso de las ventas y en general toda la operación dentro de la empresa.

Algo en lo que hacemos mucho énfasis cuando estamos dando el entrenamiento en negocios es que la venta no termina hasta que se hace el cobro al cliente, no es solo cuando se entrega el producto o cuando te dice que sí, o cuando embarcas el producto, el procedimiento dentro del negocio debe de abarcar hasta que el dinero entra en el banco.

Ahí es cuando realmente se habla de una venta, por esto la importancia de que como empresario o como vendedor te asegures que parte de tu procedimiento sea la cobranza, haz un procedimiento por escrito, donde estipules todos los lineamentos para el pago entre tú y tu cliente.

¿Cuáles son los aspectos a cuidar en el proceso de pagos?

Los lineamientos que se deben de seguir de manera general son los siguientes:

1. Forma de pago, tarjeta o efectivo.
2. Cuenta de pago.
3. Tiempo de pago.
4. Recibo de producto contra pago.
5. Tiempo de entrega.
6. Financiamiento si cuentas con él.
7. Garantía del producto.
8. Penalizaciones por falta de pago.

¿Por qué es importante el proceso de solicitar pagos? Simple y sencillamente porque sin los pagos a tiempo lo que va a suceder es que te van afectar todo el estado financiero de la empresa, estos son los aspectos que te van a mermar financieramente si no tienes un buen procedimiento de cobranza dentro de la empresa:

1. En el margen de ganancia.
2. Pago de sueldos.
3. Pago de vendedores.
4. Intereses por préstamos.

Es de suma importancia que le pongas atención al tema de las cobranzas en tu negocio. Recuerda que las ventas terminan hasta que el dinero entra en el banco.

Acostumbra a tus vendedores que las comisiones se pagan hasta que se hace la cobranza, conozco muchas empresas que pagan las comisiones a sus vendedores, por temor a perder la venta o al vendedor, prefieren endeudarse ellos y bajar el margen de ganancia, este tipo de financiación no es sustentable, tienes que pagarle al vendedor hasta que se haga la venta. Si eres vendedor asegúrate de que tu cliente pague, dale seguimiento además de darle un excelente servicio.

¿Por qué hay empresas que venden mucho y quiebran?

- Sus gastos son demasiado altos.
- Sus cuentas por cobrar son arriba del 15%.
- Venden productos con ganancias marginales.
- Tienen demasiado inventario y su flujo de efectivo es bajo.

Comprende que no necesariamente el vender mucho va a ser un sinónimo de éxito en los negocios.

¿Por qué hay que sistematizar el proceso de cobranza?

Porque esto va a hacer que el flujo de efectivo dentro de la empresa aumente, tienes que trabajar en que tu departamento de ventas tenga el sistema de cobranza sistematizado y sea algo por lo cual no tengas que estar batallando. Asegúrate que tus clientes sean los adecuados, aunque les vendas mucho, pero si su tiempo de pago es de 3 meses entonces tienes que comprender que se están financiando contigo, busca clientes que te paguen, aunque les hagas un descuento, pero a más corto plazo. Aunque hay ocasiones que no existe de otra, pero busca que tu sistema de cobranza sea lo más eficiente posible.

¿Qué es el servicio al cliente y cuál es su importancia?

A medida que la competencia es cada vez mayor y los productos ofertados en el mercado son cada vez más variados, los consumidores se vuelven cada vez más exigentes. Ellos ya no solo buscan calidad y buenos precios, sino también un buen servicio al cliente.

El servicio al cliente es el servicio o atención que una empresa o negocio brinda a sus clientes al momento de atender sus consultas, pedidos, reclamos, venderle un producto o entregarle el mismo.

Para entender mejor su concepto veamos a continuación los factores que intervienen en el servicio al cliente:

Amabilidad: amabilidad hace referencia al trato amable, cortés y servicial. Se da, por ejemplo, cuando los trabajadores saludan al cliente con una sonrisa sincera, cuando le hacen saber que están para servirlo, cuando le hacen sentir que están genuinamente interesados en satisfacerlo antes que, en venderle, etc.

Atención personalizada: la atención personalizada es la atención directa o personal que toma en cuenta las necesidades, gustos y preferencias particulares del cliente. Se presenta, por ejemplo, cuando un mismo trabajador atiende a un cliente durante todo el proceso de compra, cuando se le brinda al cliente un producto diseñado especialmente de acuerdo a sus necesidades, gustos y preferencias particulares, etc.

Rapidez en la atención: la rapidez en la atención es la rapidez con la que se le toman los pedidos al cliente, se le entrega su producto, o se le atienden sus consultas o reclamos. Sucede, por ejemplo, cuando se cuenta con procesos simples y eficientes, cuando se cuenta con un número suficiente de personal, cuando se le capacita al personal para que brinden una rápida atención, etc.

Ambiente agradable: un ambiente agradable es un ambiente acogedor en donde el cliente se siente a gusto. Ocurre, por ejemplo, cuando los trabajadores le dan al cliente un trato amable y amigable, cuando el local del negocio cuenta con una buena decoración, una iluminación adecuada, una música agradable, etc.

Comodidad: comodidad hace referencia a la comodidad que se le brinda al cliente cuando visita el local. Se produce, por ejemplo, cuando el local cuenta con espacios lo suficientemente amplios como para que el cliente se sienta a gusto, sillas o sillones cómodos, mesas amplias, estacionamiento vehicular, un lugar en donde pueda guardadas sus pertenencias, etc.

Seguridad: seguridad hace referencia a la seguridad que existe en el local y que, por tanto, se le da al cliente al momento de visitarlo. Sucede, por ejemplo, cuando se cuenta con suficiente personal de seguridad, cuando se tienen claramente marcadas las zonas de seguridad, cuando se tienen claramente señalizadas las vías de escape, cuando se cuenta con botiquines médicos, etc.

Higiene: higiene hace referencia a la limpieza o aseo que hay en el local o en los trabajadores. Aparece, por ejemplo, cuando los baños del local se encuentran siempre limpios, cuando no hay papeles en el piso, cuando los trabajadores están bien aseados, con el uniforme o la vestimenta impecable y las uñas recortadas, etc.

Una empresa o negocio brinda un buen servicio al cliente cuando ha trabajado en varios de estos factores; por ejemplo, cuando trata a sus clientes con amabilidad, les da un trato personalizado, los atiende con rapidez, les ofrece un ambiente agradable, y los hace sentir cómodos y seguros.

¿Cuál es la importancia del servicio al cliente?

Cuando un cliente encuentra el producto que buscaba, y además recibe un buen servicio al cliente, queda satisfecho y esa satisfacción hace que regrese y vuelva a comprarnos, y que muy probablemente nos recomiende con otros consumidores.

Pero, por otro lado, si un cliente, haya encontrado o no el producto que buscaba, recibe una mala atención, no solo dejará de visitarnos, sino que muy probablemente también hablará mal de nosotros y contará la experiencia negativa que tuvo a un promedio de entre 9 a 20 personas dependiendo de su grado de indignación.

Si a ello le sumamos el hecho de que la competencia cada vez es mayor y los productos ofertados en el mercado se equiparan cada vez más en calidad y en precio, es posible afirmar que hoy en día es fundamental brindar un buen servicio al cliente si queremos mantenernos competitivos en el mercado.

Debemos evitar que el cliente sea mal atendido, para que no deje de visitarnos o pueda llegar a hablar mal de nosotros, y más bien procurar que reciba un buen servicio al cliente, y así lograr su fidelización, tener buenas posibilidades de que nos recomiende con otros consumidores y poder diferenciarnos o destacar ante los demás competidores.

El buen servicio al cliente debe estar presente en todos los aspectos del negocio en donde haya alguna interacción con el cliente, desde el saludo del personal de seguridad que está en la puerta del local, hasta la llamada contestada por la secretaria. Para lo cual es necesario capacitar y motivar permanentemente al personal para que brinde un buen servicio al cliente, no solo a aquellos trabajadores que tengan contacto frecuente con el cliente, sino a todos los que en algún momento puedan llegar a tenerlo, desde el encargado de la limpieza hasta el gerente general.

Así mismo, el buen servicio al cliente no solo debe darse durante el proceso de venta, sino también una vez que ésta se haya concretado.

El servicio de postventa

El servicio de postventa es un tipo de servicio al cliente que se brinda una vez que la venta se ha concretado.

Los servicios de postventa pueden ser:

Promocionales: son los que están relacionados con la promoción de ventas. Se dan, por ejemplo, cuando se ofrecen ofertas o descuentos especiales a los clientes frecuentes, o cuando se les hace participar en concursos o sorteos.

Psicológicos: son los que están ligados con la motivación del cliente. Suceden, por ejemplo, cuando se le envían obsequios, cartas o tarjetas de saludo por su cumpleaños, o cuando se le llama para preguntarle cómo le va con el producto.

De seguridad: son los que brindan protección por la compra del producto. Ocurren, por ejemplo, cuando se le otorga al cliente garantías por su compra, o cuando se cuenta con una política de devoluciones para productos defectuosos.

De mantenimiento: son los que involucran un servicio de mantenimiento o de soporte técnico. Se presentan, por ejemplo, cuando se brinda el servicio de instalación del producto, o cuando se brinda el servicio de capacitación sobre el uso del mismo.

> "Si haces una venta, te dará suficiente para vivir.
> Si inviertes tiempo y prestas un buen servicio al cliente,
> puedes hacer una fortuna."
>
> *Jim Rohn*

Brindar un buen servicio de postventa no solo nos permite obtener los beneficios que otorga brindar un buen servicio al cliente, tales como la posibilidad de que el cliente nos vuelva a visitar o que nos recomiende con otros consumidores, sino que también nos otorga la posibilidad de mantenernos en contacto y alargar la relación con el cliente y así, por ejemplo, obtener su retroalimentación o hacerle saber de nuestros nuevos productos o promociones que podrían ser de su interés.

Tres máximas del servicio al cliente:

1. **Pide disculpas, no discutas:** Si un cliente tiene un problema, pide disculpas y resuelve el problema. Permite a los clientes ventilar sus quejas, incluso si estás tentado de interrumpirlos y corregirlos aguántate.

2. **Pide retroalimentación, para no perder el rumbo:** Solicita a tus clientes calificar tu servicio periódicamente.

3. **Sé flexible:** Esto significa hacer un proyecto para un cliente,
4. u organizar una reunión a primera hora de la mañana.

El servicio al cliente es una de las fortalezas de las pequeñas empresas, con esto puedes competir con empresas más grandes.

"UNA QUEJA ES UN REGALO: de la queja a la satisfacción."

El cliente no va a tener confianza hasta que tenga los resultados que está esperando, entonces algo que te va a ayudar como una herramienta de venta, es que tú des una garantía de resultados o le devuelvas su dinero después de cierto periodo de tiempo.

¿Es complicado el ofrecer este beneficio para el cliente? Sí lo es si tu producto o servicio no es el mejor, entonces si tienes dudas de poder cumplir con los resultados en cierto tiempo entonces no lo ofrezca y haz un plan de mejora para tus productos o servicios, pues cada vez más este es un argumento de venta muy fuerte y que la mayoría de las empresas que somos de clase mundial estamos usando como argumento de venta.

Siempre dales más de lo que te pidan, una garantía de resultados es algo que les va a dar confianza en tu producto o servicio y sobre todo en tu persona como vendedor.

También es muy importante que tengas un departamento de servicio al cliente para que puedas estar atendiendo y dando servicio a tus clientes actuales.

Garantía de resultados por escrito, si al final de los 3 meses no se está dando el resultado acordado en el convenio se le regresa su dinero.

¿Qué es una garantía de resultados?

Una garantía de resultados es darle la confianza a tus clientes de que estás tan seguro que tus productos o servicios van a dar resultados en cierto periodo de tiempo que le pones un tiempo límite para que él mismo lo vea.

Las partes que debe de llevar una garantía de resultados son las siguientes:

1. Sea por escrito. Entrégale a tu cliente una hoja estándar donde en la parte de atrás le pongas fecha de la compra y la firma de la persona que aprueba, así como el nombre del cliente, asegura tener todas estas garantías en una base de datos donde tengas las fechas bien amarradas.

2. Dar un periodo de tiempo límite. Hay un límite en el tiempo, porque puede ser que haya clientes que se vayan a equivocar o a querer pasarse de listos en algunos casos, entonces dependiendo de lo que vendas yo te aconsejo que uses -en el caso de servicios una garantía de 3 meses, y hablando de producto va a depender mucho de la caducidad y tiempo de vida del producto, este tiempo debe de ser el adecuado para que puedas asegurar los resultados.

3. Asegurar cuáles son los indicadores o métricos por los cuales ofreces la garantía. Aquí debes de saber cuáles pueden ser las causas por las que puedes aceptar la devolución del producto, por ejemplo en el caso de una aspiradora darle hasta 6 meses de garantía sabiendo que ese es el tiempo que puede durar el producto en condiciones extremas, en el caso de una empresa de servicio, como en mi caso, nosotros damos 3 meses de garantía para poder llegar a la meta de productividad que establecemos desde el inicio, pues nosotros sabemos con la experiencia que 3 meses es el tiempo máximo para empezar a ver resultados.

¿Por qué es importante una garantía?

Es confianza para el cliente, te aseguro que esto te va a ayudar a aumentar por lo menos un 30% las ventas. Esto va a ayudar a que tu cliente tome la decisión pues él sabe que tú estás seguro de los resultados que le estás ofreciendo.

> *"Las ventas son un negocio de persona a persona.*
> *En el mundo de las ventas profesionales, el verdadero*
> *trabajo empieza después que la venta se ha realizado."*
>
> *Jim Rohn*

Poderes de $úper Vendedor

1. Haz una promesa por escrito de devolución del dinero y que seas conocido en el mercado por tu garantía.

2. Haz un procedimiento por escrito para solicitar los pagos y dalo a conocer a todos tus clientes.

3. Haz un plan de descuentos por pronto pago.

4. Evalúa muy bien lo que vas a dar en la garantía antes de que lo hagas, para que no prometas algo que no puedas cumplir.

5. Ten los indicadores listos antes de entregar las garantías.

6. Con tu junta de mesa redonda de $úper Vendedores exponles la garantía de resultados para que te den su punto de vista.

7. Que en todas las publicidades de tu negocio aparezca la garantía de resultados.

PODER = INFORMACIÓN + ACCIÓN

10

"Lo que hagas, hazlo tan bien que ellos quieran verlo otra vez y traer a sus amigos."

Walt Disney

¿Quién es el mejor vendedor?

Aprendiendo a pedir testimonios y referidos

1. ¿Qué es un testimonio?
2. ¿Cómo usar los testimonios de clientes como estrategia de ventas?
3. ¿Cómo hacer un plan de referidos?
4. ¿Qué es un programa de referidos?
5. ¿Cómo funciona un programa de referidos?
6. ¿Cómo elegir el incentivo correcto?
7. ¿Cuál es la importancia de los referidos?
8. ¿No estás obteniendo referidos?
9. ¿Por qué es importante un cliente insatisfecho?
10. Poderes de $úper Vendedor

¿Qué es un testimonio?

Básicamente es una carta, video, escrito, o correo electrónico donde tu cliente explica en todo lo que le ayudaste, por qué tus siguientes clientes deben de comprar tu servicio o producto, es un arte, tienes que aprender a usar a tus clientes satisfechos a ayudar a más clientes.

¿Cómo usar los testimonios de clientes como estrategia de ventas?

Las empresas sobreviven gracias a la satisfacción del cliente y esto se puede medir a partir de los testimonios que envían. Cada producto comprado hace que los consumidores sean felices, hasta cierto punto. En estos casos, el empresario puede pedir a su cliente muy satisfecho enviar un testimonio, que aportará pruebas sobre la credibilidad del empresario y la superioridad del producto, además de revelar que otros consumidores prefieren el producto sobre los demás. Por supuesto que un testimonio se puede utilizar solamente con el permiso previo.

> "El buen servicio te lleva a lograr múltiples ventas.
> Si atiendes bien a tus clientes, te abrirán
> puertas que nunca habrías podido abrir solo."
>
> *Jim Rohn*

Los testimonios tienen peso -si son detallados y elaborados sobre los beneficios de usar el producto. También es adecuado para usar una frase pegadiza de un testimonio. Esto llama la atención del posible comprador, que se inclina, pero no se convence, tales personas miran a los testimonios antes de hacer una compra sólo para asegurarse de que no se equivocan.

Las siguientes maneras de utilizar testimonios ayudan a la promoción de productos y han demostrado una estrategia de marketing eficaz:

a. Publica testimonios en los sitios web donde se muestre la satisfacción de los clientes que han confiado en tu producto, para que todos los visitantes los lean.
b. Imprime testimonios en tarjetas de visita para hacer que destaquen. Esto a menudo puede ayudar a influir en los clientes potenciales y convencerlos de que tu empresa es la mejor opción para sus necesidades.

c. Los fragmentos de testimonios pueden ser parte de una firma de correo electrónico que pondrá en relieve por qué debe elegir la empresa en lugar de cualquiera de sus competidores.
d. Los testimonios pueden ser parte de las cajas de los productos, mientras que la presentación de artículos pueden ayudar a aumentar el tráfico de su sitio web.
e. Los boletines de noticias pueden tener una sección especial en testimonios, y los clientes más que leer los testimonios múltiples, estarán más convencidos de tu empresa y el producto que estás ofreciendo.
f. Los testimonios sobre los perfiles en sitios de redes sociales como Facebook y Twitter, son estrategias de marketing más eficaces, debido a que los beneficios del producto llegan a un público mucho más amplio a través de los canales de redes sociales.
g. Los testimonios dan mejores resultados que cualquier copia de ventas y debe ser citado libremente en cualquier lugar y en todas partes.
h. Los testimonios de grupo son más poderosos y tienen un impacto más fuerte ya que el lector sabe que es de un grupo de personas que comparten la misma opinión favorable de tu empresa.
i. No distorsiones o cambies los testimonios, sino que deben parecer honestos y realistas. Esto hace que el cliente crea cada palabra que lee.
j. Usa testimonios en los discursos para familiarizar al público oyente con la opinión pública sobre el producto y sus beneficios.
k. Los testimonios en ferias ayudan a mejorar la conciencia pública acerca de los nuevos productos.

El mensaje es claro: los testimonios no son más que palabras de agradecimiento para tu empresa o los productos que vendes, pero cuando se usan correctamente, pueden resultar una de las herramientas de marketing más eficaces que poseemos, vienen sin costo adicional además de ofrecer a tus clientes un producto o servicio impecable.

> *"Lo que hagas, hazlo tan bien que ellos quieran verlo otra vez y traer a sus amigos."*
>
> *Walt Disney*

¿Cómo hacer un plan de referidos?

Los hábitos de consumo de los clientes han evolucionado y cada día existen más fuentes de información que les hacen más selectivos a la hora de comprar.

Más que solamente el producto o el precio, existen un sin número de variables importantes para la toma de decisiones. Por tanto, hoy más que nunca nuestras estrategias para atraer clientes y mantenerlos deben ser más efectivas.

Hoy te comparto una estrategia sencilla pero poderosa para lograr este objetivo y es a través de la implementación de un sistema de compensación por referidos.

Para comprender cómo funciona esta estrategia debemos recordar aquel viejo y conocido principio de negocios: "un cliente satisfecho atrae a 5 ó 10 clientes nuevos, mientras que un cliente insatisfecho te hará perder 10 a 15 clientes potenciales".

Esto sigue siendo totalmente cierto. ¿Por qué? Por dos sencillas razones:

1. Todos como consumidores, recomendamos positiva o negativamente nuestra experiencia de consumo. Y ojo que recomendamos la experiencia, y ello tiene que ver con el producto, el precio, la atención o el respaldo del proveedor. Todos los factores en alguna medida hacen la experiencia y eso es lo que compartimos de boca en boca.

2. Todos recomendamos tarde o temprano. Como un acto inconsciente, todos terminamos recomendando acerca de esa experiencia como clientes. Recomendar es un acto natural del ser humano. Hablar de, si nos fue bien o mal es una forma de externar nuestro sentimiento hacia ese momento de satisfacción o frustración.

Entonces, debemos comprender que todos nuestros clientes hablarán sobre nuestro negocio, tarde o temprano. Hablarán bien o mal. Así pues, podemos aprovechar el tremendo impacto de este aspecto como una estrategia para atraer más clientes.

¿Qué es un programa de referidos?

Considerando lo anteriormente expuesto y asumiendo que nuestros clientes hablarán bien de su experiencia con nuestro negocio,
entonces podemos aprovechar ese impacto en la recomendación premiando a nuestro cliente por referirnos.

Esto logra dos efectos muy positivos:

1. Nuestro cliente se sentirá motivado a hablar bien de tu negocio, continuando así la experiencia positiva. Mantiene además tu empresa o marca en su mente y esta condición tarde o temprano le hará volver. Esto se llama fidelizar al cliente.

2. Nuestro cliente se convertirá en un medio de mercadeo para atraernos otros clientes potenciales a través de su referencia.

Así pues, un programa de referidos se resume en un sistema de recompensas que ofrecemos a nuestros clientes fieles por ayudarnos a atraer a otros clientes.

¿Cómo funciona un programa de referidos?

Es mucho más sencillo de lo que imaginas. El primer paso consiste en idear algún buen incentivo para tu cliente vendedor, que sea atractivo y que le motive a atraer o invitar a otros clientes a conocer tu negocio o producto.

Este incentivo o premio no tiene que ser algo muy costoso, sino que pueden ser incentivos pequeños pero que sumados por volumen representen algo de beneficio para tu cliente vendedor.

Veamos algunos ejemplos:

1. Cupón de descuento de 10% en tu próxima compra por cada cliente que nos refieras y compre con nosotros. Ideal para: tiendas en general, mueblerías, ventas de llantas, etc.
2. Por cada cliente que nos refieras y comience su tratamiento con nosotros, un cupón de $20 dólares aplicables en tu próxima cita. Ideal para: clínicas médicas, dentistas, estéticas, centros nutricionales, etc.
3. Por cada cliente referido que se inscriba, obtienes descuento de 50% en tu mensualidad. Ideal para cursos libres, academias de inglés, escuelas de automovilismo, centros de capacitación, escuelas de cocina, empresas de cables, negocios de suscripciones, etc.
4. Si nos traes un cliente nuevo, tienes un servicio gratis. Ideal para auto lavados, talleres mecánicos, limpieza de oficinas, empresas de computación, etc.

¿Cómo elegir el incentivo correcto?

Ésta definitivamente es la parte más complicada, aunque realmente no hay mucho que perder y mucho que ganar. Los incentivos a elegir tienen que ver mucho con la personalidad de tu cliente y el tipo de negocio que manejas. Los incentivos comunes pueden ser:

1. Descuentos en próximas compras
2. Bonos acumulables a mediano plazo
3. Servicios gratis
4. Descuentos en servicios

Y lo más importante que debes cuidar son los costos. De nada sirve que ofrezcas grandes descuentos a ciegas si ello se comerá tu ganancia, por decirlo así. La regla que debe determinar si tu programa de referidos está bien enfocado es que siempre tienes que salir ganando y tu cliente vendedor también.

Por ejemplo, si ofreces como premio un descuento de $30 dólares, pero sabes que ese cliente nuevo te va a representar ventas posteriores por un estimado de $500 dólares, y asumes que tu utilidad neta es de 30%, entonces ese cliente nuevo realmente representará en tu bolsillo $150 dólares. Entonces estás invirtiendo $30 en premio para obtener $150. Este sería un incentivo pensado rentablemente.

Otro ejemplo. Si tienes una empresa de computación y ofreces como retribución a tu cliente, un servicio de mantenimiento gratis a cambio de un nuevo prospecto, entonces deberíamos pensar así. Si el costo de tu servicio de mantenimiento es de $20 dólares y ese cliente nuevo te va a comprar únicamente un servicio del mismo tipo por valor de $30. Entonces estarías ofreciendo un premio de $20 a cambio de una utilidad estimada de $10 dólares. Si consideras el material que puede requerir promocionar tu programa, esta podría ser entonces una estrategia mal planeada, poco rentable y deberá ser reconsiderada.

En fin, estos son solamente algunos ejemplos elementales para que puedas comprender cómo debe ser ideado el sistema de referidos como estrategia para atraer clientes.

Finalmente, debes promocionar tu programa de referidos. Si no lo das a conocer, nadie se interesará. Para ello debes destinar un porcentaje moderado de presupuesto publicitario para informar a tus clientes acerca de tu programa y que debe describir claramente:

¿Cómo funciona?
¿Cuáles son los premios?
¿Quiénes aplican y quiénes no?
¿Cuáles son las restricciones?
¿Cuándo y cómo se cobran los premios?

Debes darle mucho énfasis al aspecto de que es algo novedoso, interesante y grandioso para tus clientes. Frases como "Ahora ganas por comprar" o "Gana mucho dinero recomendando a tus amigos" o similares son muy estratégicos para llamar la atención de tus clientes.
Así pues, esta es una estrategia muy útil y que, planificada de forma adecuada, te puede brindar enormes beneficios para expandir tu cartera de clientes y aumentar tus ventas.

> **"El mejor vendedor siempre es uno de tus clientes satisfechos."**
>
> *David Gaona*

¿Cuál es la importancia de los referidos?

Muchas empresas crecen a partir de referidos, una persona tuvo una buena experiencia, le contó a otra y así sucesivamente. Los clientes referidos son de mejor calidad porque usualmente ya alguien en quien confían hizo el trabajo de venderle, el precio no es el principal problema porque quien refirió le explicó el valor que genera y tienen claro lo que necesitan.

Entonces, ¿cómo atraer más clientes que vengan referidos?, en muchos casos es simplemente hacerlo parte del proceso comercial y tenerlo presente en todo momento.

> **"Si realmente logras impresionarlos, los clientes se lo contarán unos a otros. La palabra que circula de boca en boca es muy poderosa."**
>
> *Jeff Bezos*

¿No estás obteniendo referidos?

Cuando una empresa no está obteniendo el número de referidos que desea, generalmente es porque:

1. No tiene la mentalidad de promover referidos, no es algo que tenga presente en su proceso comercial o de relacionamiento con los clientes.
2. Olvida solicitarlos o no sabe cómo hacerlo de una manera natural.
3. No quiere hacer sentir al cliente incómodo o se siente mal, como si estuviera necesitado.
4. No está seguro que sus productos o servicios sean totalmente referibles. Piensa que le falta ajustar algunos procesos para mejorar la experiencia del cliente.
5. Los clientes no están quedando satisfechos con su trabajo o no está dando de qué hablar.

¿Cuándo pedir referidos?

Hay mejores momentos que otros para solicitar los referidos. Como regla general, el mejor momento es cuando el cliente está sorprendido, agradecido o deleitado por algo en especial de tu producto o servicio.

Piensa en solicitar referidos cuando:

1. Enseñas algo a tu cliente o prospecto.
2. Haces a tu cliente o prospecto pensar de manera diferente.
3. Resuelves o previenes un problema.
4. Un prospecto toma la decisión de convertirse en cliente.
5. Logra su primera meta y genera resultados.
6. Te manifiesta su agrado por el trabajo realizado.

¿Cómo solicitar referidos?

Después de haber hecho un muy buen trabajo con tu cliente, simplemente pregúntale si conoce otras personas o empresas que pudieran requerir de la misma solución que tú le proveíste. Piensa en todo el valor que generó. Recuerda, no estás pidiendo un favor, estás permitiéndole que ayude a otras personas a disfrutar de lo mismo.

Si tienes esta mentalidad, te darás cuenta que puedes solicitar referidos sin incomodar.

Y una forma de premiar la voz a voz es establecer un programa de referidos, piensa en ideas creativas para ofrecer no sólo a cliente sino a aliados estratégicos (otras empresas que le venden a su cliente, pero no son competencia).

Los referidos son el tipo de cliente más rentable, así que vale la pena tener un plan específico para promoverlos.

Para muchos empresarios, el sólo hecho de pedir referidos es en sí algo que genera ansiedad. Y lo comparto, no hay cosa más incómoda que un vendedor persistente que después que le hemos manifestado nuestro poco interés en su producto, adicionalmente nos diga: "Entiendo, sin embargo, ¿me podría dar el nombre de tres personas a las qué podría contactar?" Sobra decir que me parece improcedente.

No sé por qué piensa que quiero enemistarme con mis amigos. Por qué considera que, si ni siquiera lo conozco, quisiera recomendarlo a personas que tienen gran significancia en mi vida. La razón es muy simple: valoro demasiado mis relaciones como para enviarles un intenso vendedor que considero no les va a generar ningún beneficio.

Y probablemente este sea el mismo principio sobre el cual basamos el hecho de que no nos gusta pedir favores, no nos sentimos cómodos pidiendo ayuda, tanto a quienes conocemos, como a quienes no conocemos. Siendo mucho más estrictos con quienes conocemos.

Primero ofrece referidos

Sin embargo, en muchos casos, podría ser muy importante para nuestro negocio lograr un mayor número de referidos provenientes

de otras empresas, potenciales aliados estratégicos. Pero ¿cómo lograrlo sin incomodar? La respuesta tiene dos partes: 1) asegúrate que tu producto o servicio genera valor, y 2) primero ofrece referidos.

En el primer aspecto, el estar seguro que lo que tú haces de verdad ayuda a los demás, les hace la vida más productiva o les resuelve un problema, le da la tranquilidad de saber que no estás pidiendo un favor, sino que podría haber personas o empresas a las cuales tú podrías ayudar.

Si consideras que no estás en capacidad de generar valor, o bien no es tu mercado objetivo o debes replantear tu modelo de negocio, pues sin ofrecer un beneficio tangible, es muy difícil que alguien se sienta cómodo refiriéndote.

Segundo, una excelente manera de generar referidos es brindar referidos. En muchos casos, otras empresas sobresalientes que se dirigen al mismo mercado que tú, pueden estar interesadas en promoverse conjuntamente. Sin embargo, ¿cómo aproximarse a ellos si no los conoces personalmente o no les tienes la confianza necesaria? Brindando referidos.

Identifica empresas que recomendarías

Lo he experimentado en mi propia compañía. Dado que mi trabajo es apoyar pequeñas empresas en sus estrategias de mercadeo, es muy común que adicionalmente requieran otros servicios complementarios como el diseño de su página web, impresión de material publicitario, diseño gráfico o email marketing. Con el fin de poderles recomendar compañías que efectivamente les sirvan, durante varios meses hago una labor exhaustiva de identificar y evaluar empresas que podría recomendar.

La forma de aproximarme ha sido muy sencilla: "Dado que algunos de mis clientes podrían requerir sus servicios, quisiera conocer más en detalle su compañía y entender de qué manera podría generar valor a mis clientes". En muchos casos he llegado hasta adquirir sus servicios con el simple fin de probarlos antes de recomendarlos.

Sobra decir que esta forma de aproximarse sin solicitar nada a cambio se ha convertido en una excelente herramienta de mercadeo, al recibir en la mayoría de los casos, referidos de vuelta.

¿Por qué es importante un cliente insatisfecho?

Hace tiempo escuché a hablar a un gurú de ventas llamado Brian Tracy que cambió complemente mi forma de ver las cosas sobre ¿cómo tomar una insatisfacción del cliente?, básicamente lo que he comprendido es que tienes que tomar un cliente insatisfecho como una oportunidad de ganar más de 20 clientes, ¿a qué me refiero con esto?, a que si logras darle la vuelta a esa mala impresión que le diste a tu cliente por tu producto o servicio, y, si haces cambiar esa amarga experiencia por una experiencia inolvidable, entonces esto lo vas a poder utilizar como una herramienta de venta muy grande, te aseguro incluso que tu cliente te va a recomendar con toda la gente que se le atraviese si puedes convertir esa experiencia negativa en algo súper positivo.

Como $úper vendedor se puede hacer, solo que tienes que entender que este cliente ahora te va a tomar 3 ó 4 veces más de tiempo que un cliente regular, pero créeme que vale la pena.

Te voy a poner un ejemplo, en los cursos que damos en www.ucalle.com, hubo un cliente que no estaba satisfecho con nuestro servicio y nos empezamos a dar cuenta que hablaba mal de nosotros, resulta ser que cuando hablamos con él, lo que nos dijo ese cliente insatisfecho fueron 3 razones principales:

1. La primera es que él se sentía muy desilusionado porque en uno de nuestros cursos no habíamos terminado todas las hojas del libro de trabajo.
2. El libro que había comprado no tenía mi firma y él quería su libro autografiado.
3. No le había gustado la comida porque él es vegetariano y nosotros sólo ofrecimos proteína de origen animal.

Lo que hicimos lógicamente primero fue:

1. Sentarnos con él para entender bien la queja, lo escuchamos, él nos explicó con lujo de detalle casi 3 horas de plática, la mayoríade las empresas ni siquiera atienden a su cliente insatisfecho sólo le regresan su dinero, pero no va más allá para atender la necesidad del cliente.

2. Pusimos por escrito todas las quejas de nuestro cliente y le pusimos fecha a cada uno, le dimos una entrada gratis para otro curso y nos aseguramos que el libro de trabajo se terminara al 100%, le dimos no uno sino 10 libros autografiados para que nos recomendara con más amigos.

3. Le dimos una entrada VIP y añadimos a nuestro menú proteína vegetariana para la gente que lo pidiera con anticipación.

¿Qué ganamos?

Obviamente nuestro cliente insatisfecho se convirtió en un fan de Universidad de la Calle y de nuestros cursos, (puedes entrar a www.ucalle.com para que veas todos los cursos que manejamos) nos ha recomendado a casi 100 personas en 6 meses, entonces tienes que comprender que siempre de un cliente insatisfecho se aprende y se tiene la oportunidad de mejorar considerablemente si le das la debida importancia. ¡Entrénate con nosotros!

> **"Tus clientes más insatisfechos son tu mayor fuente de aprendizaje."**
>
> *Bill Gates*

Poderes de $úper Vendedor

1. Solicita 5 referidos a tus principales clientes satisfechos, diles que les quieres ayudar a más amigos que él tenga.
2. Manda a tus 10 principales clientes referidos para sus respectivos negocios.
3. Haz una lista de 10 personas que pueden darte testimonio y asegúrate que tomes video o lleves una lista de preguntas posibles al momento de entrevistarlos y comentarles que lo vas a utilizar para poder mostrar como ejemplo a otros posibles compradores.
4. Haz un plan de referidos, donde incluyas qué le vas a dar cada cliente que te refiera.
5. Haz un boletín informativo y mándalo por mail.
6. Inscríbete en cámaras de comercio, grupos financieros o cualquier tipo de asociación donde puedas conocer gente que necesite de tus servicios.
7. A tus clientes principales dales referidos para que ellos puedan hacer negocio.

PODER = INFORMACIóN + ACCIóN

11

> "**Pensar: es el trabajo más difícil que existe.
> Quizá esa sea la razón por la que haya tan pocas
> personas que lo practiquen.**"
>
> *Henry Ford*

¿Sabías que la publicidad es una inversión, si la tienes medida?
Mercadotecnia de Guerrilla

1. ¿Qué es un Mercadeo de Guerrilla?
2. Y ¿qué elementos son necesarios para la efectividad del mercadeo de guerrilla?
3. ¿Cuáles con los 5 pasos de Mercadeo Guerrilla?
4. ¿Por qué es una guerra?
5. ¿Estás viendo oportunidades por todos lados?
6. ¿Cuáles son las 21 armas del mercadeo de guerrilla que puedes empezar ahora?
7. ¿Cuál es la fórmula para medir cuánto te cuesta un cliente?
8. Haz tu presupuesto de publicidad
9. ¿Por qué debes de aprender de tus errores?
10. Poderes de $úper Vendedor

¿Qué es un Mercadeo de Guerrilla?

Este término suele despertar el interés por su poco convencionalismo, sin embargo transmite toda la esencia de estas técnicas de mercadeo.

Es posible definir el Mercadeo de Guerrilla como un conjunto de estrategias y herramientas de mercadeo mediante medios poco convencionales cuya clave es no parecer realmente publicidad. Mediante el ingenio, la creatividad, la originalidad y la capacidad de sorprender; proporciona al público una experiencia con intriga, sorpresa y confusión, que hace sonreír y crea recuerdo.

Requiere un costo mucho menor que las técnicas convencionales y proporciona un máximo rendimiento como consecuencia del entorno diferente que crea y la forma de comunicar el mensaje, muy lejos de los constantes y cansados bombardeos publicitarios habituales y actualmente cada vez más anticuados y poco renovados.

Y ¿qué elementos son necesarios para la efectividad del Mercadeo de Guerrilla?

1. Uso de la creatividad y la innovación. Son básicos. No podemos esperar resultados diferentes haciendo siempre lo mismo.

2. Emplear medios no convencionales y tecnología pues son símbolos de innovación.

3. Es posible complementarlo a otras técnicas de mercadeo tradicional.

4. Hay que conectar con el usuario. Hacerle pasar un momento agradable, sorprendente, que deje huella en su memoria.

Se potencia la capacidad de crear una nueva relación con el consumidor y no tanto fomentar las características del producto. El recuerdo de una experiencia agradable e impactante vivida creará el interés por recuperar ese acontecimiento mediante la búsqueda y adquisición del producto o servicio. Además, el consumidor se sentirá "unido" a la marca.

¿Cuáles con los 5 pasos de Mercadeo de Guerrilla?

1. Marca objetivos claros, breves y concisos

Tienes que decidir cuáles son los objetivos de tu estrategia de mercadotecnia de guerrilla, puede ser el vender 30% más para tal fecha, aumentar la gente que entre en la página de internet, aumentar los amigos en tus redes sociales, tú decides. Pero lo importante es que pongas la meta por escrito y de una manera estructurada.

2. Define tu público objetivo

Tienes que saber a quién le quieres vender, tienes que definir quiénes son tus clientes potenciales, tienes que poner bien claro a qué tipo de gente le quieres llegar, si son adultos entre qué edad y qué edad, el tipo de gustos, la educación, a qué se dedican como profesión, la zona donde viven, esto te va a ayudar a que tu estrategia de guerrilla sea muy enfocada para poder obtener los mejores resultados.

3. Estudia tu mercado objetivo

Una vez que sabes quiénes son tus clientes potenciales, ahora es el momento que estudies el comportamiento de este público objetivo, que sepas cuáles son los gustos, cuánto ganan, a qué lugares van, si tienen familia, si son solteros o casados, lugares que frecuentan, qué tipo de comida les gusta, la ropa, los artistas que les gustan, gustos en general, saca la mayor información que puedas para poder hacer tu mercadeo de guerrilla y obtener los mejores resultados posibles y muy enfocados.

4. Desarrolla la estrategia

Una vez que tienes un estudio entonces tienes que pensar en una estrategia de bajo presupuesto donde, con la menor inversión posible llegues a la mayor cantidad posible, una estrategia de mercadeo de guerrilla va desde el utilizar la firma electrónica en cada correo que envíes, poner los logos en tus carros, regalar calcomanías con frases para tus clientes, dar conferencias para poder prospectar en lugares frecuentados, hacer concursos en redes sociales, poner palabras clave para posicionamiento de página web, tienes que hacer una lluvia de ideas donde empieces a pensar en qué tipo de publicidad se puede hacer para que hagas que lleguen más clientes a tu negocio sin la necesidad de invertir mucho.

Todo cuenta, absolutamente todo, aunque sea de muy bajo presupuesto. Para mí un presupuesto de mercadeo de guerrilla no debe de ser mayor a mil dólares mensuales, aunque lo que se recomienda que el 10% de tus ganancias se utilicen para la publicidad de tu negocio, lo primero que quiero que hagas es que encuentres la fórmula o combinación exacta para hacer que tu negocio tenga más clientes sin que te cueste mucho.

El primer paso es que asignes un presupuesto bajo, número dos, tienes que empezar a hacer una lluvia de ideas para probar todo lo que funciona y obviamente dejar de hacer lo que no funciona, entonces la tarea ahora es que te sientes y anotes todas las posibles formas de bajo presupuesto para poder promocionar tu negocio, pídele a 4 ó 5 personas que hagan lo mismo por ti, que te den un listado de todo lo que ellos piensan puede ser una forma de atraer nuevos clientes.

5. Valora y mide los resultados

Lo más importante aquí es probar cada herramienta, lo que te puedo decir es que yo he encontrado con varios clientes resultados asombrosos, te platiqué en capítulos anteriores que tengo un cliente que por 20 años estuvo invirtiendo casi $50 mil dólares en televisión para publicidad, según él era "inversión" pero cuando hicimos el ROI (retorno de inversión) fue una verdadera sorpresa el saber cuánta gente venía por esos $50 mil dólares, el resultado era 30 ó 40 personas por mes, imagínate todo el dinero tirado a la basura por no medir cada herramienta de venta, lo que vas a hacer con mercadeo de guerrilla es diferente, que cada cosa que hagas, por insignificante que parezca tienes que hacer un análisis de cuánto te está generando, cada persona que entre a tu tienda o compre tu producto tienes que saber de dónde viene.

¿Por qué?
Una vez que sepamos cuál es la combinación exacta para poder atraer más clientes y que sepas cuáles son las herramientas más efectivas para atraer clientes, entonces tenemos que hacer una mayor inversión y como dice Seth Godin, tenemos que comprar más clientes.

Comprar clientes significa que tienes que pagar más publicidad, pero esto va a tener un resultado directo sobre las ventas del negocio.

¿Por qué es una guerra?

Tienes que entender que el ser empresario se asemeja mucho a estar en guerra, todo el tiempo tienes que estar usando herramientas o armas para poder conquistar, tienes que ir por nuevos territorios, tienes que estar en alerta constante, tienes que entrenarte y mantenerte siempre despierto para poder combatir a los enemigos, tienes que estar reclutando adeptos para tu ejército, tienes que estar mejorando constantemente porque lo que funcionó una vez te aseguro que no va a funcionar todo el tiempo.

Tienes que trabajar muy duro pues el enemigo siempre está estudiándote para poder tener lo que tú tienes, tú eres el general y tú eres el que está encargado de hacer que las cosas pasen, tú estás en guerra todo el tiempo. Así que ponte a trabajar y hay que encontrar la fórmula para comprar más clientes, tienes que estar listo para cambiar la estrategia de publicidad ya que te des cuenta que ésta no funciona.

Estás en guerra.

> "El Mercadeo se está convirtiendo en una GUERRA basada más en la información que en el poder de las ventas."
>
> *Philip Kotler*

Tienes que comprender que guerrilla significa táctica, significa que lo vas a hacer de manera silenciosa, que lo vas a hacer con métodos que la mayoría no espera ni es algo tradicional, tu cliente no va a saber por dónde llega, pero le va a llegar por todos lados. No obstante, a la vez también tiene que ser una estrategia que te ayude a posicionar tu marca de una manera muy profesional, pero con el más bajo costo, recuerda que todo se mida y tenga un retorno de inversión. También asegúrate que vayas con la competencia y haz un análisis de qué es lo que hacen y cómo lo hacen para que puedas copiarlos, y lo más importante, probar lo que ellos están haciendo. También revisa a otra gente que esté en negocios similares y cópiales, pero lo más importante es que tienes que probar que lo que estén haciendo realmente funcione. Esto es guerrilla de la calle.

> "Si crees que la publicidad no sirve, considera los millones de personas que ahora creen que el yogur es rico."
>
> *Joel Whitley*

¿Estás viendo oportunidades por todos lados?

Como estratega y $úper Vendedor tienes que estar muy alerta de las oportunidades pues estas están por todos lados, lleva una libreta y una pluma para poder anotar todo lo que se te ocurra y todo lo que veas, para publicidad y como posibles prospectos, no le dejes nada a la imaginación mejor anótalo la memoria funciona, pero te aseguro que no es tan efectiva como que lo anotes en una libreta, y en la noche te sientes para hacer eso que anotaste una realidad o parte de un plan. Anota todo, pero todo significa TODO.

$uper Vendedor

Ya que hayas probado métodos no convencionales es importante que también hagas un plan por internet, esto es algo que siempre funciona, al igual que mercadeo de guerrilla tienes que probar las cosas, tienes que hacer una investigación para hacer publicidad por internet, primero investiga y prueba cada campaña que hagas, existen métodos muy económicos y que su retorno de inversión es muy redituable, existen otros que solo te ayudan a posicionar tu marca pero lo importante es que hagas pruebas, yo te recomiendo que te asesores con alguien que ya tenga la experiencia en lo que estás buscando que es atraer clientes por internet.

"Todo se trata de intentar cosas y ver si funcionan."
Ray Bradbury

Estoy seguro que tú eres muy inteligente y que puedes lograr muchas cosas solo, pero pienso que la forma más rápida de llegar a un lado es asesorarte de gente que ya ha logrado lo que tú quieres. Son 5 pasos para poder lograr lo que quieres:

1. Saber qué es lo que quieres como $úper Vendedor.
2. Copiar a alguien que ya haya logrado lo que tú quieres y pagarle a esa persona para que te entrene.
3. Acción Masiva.
4. Corregir lo que no esté funcionando.
5. Nunca parar hasta que logres el objetivo.

El término de "Ráscame la espalda" es que tengas alguien a tu lado que pueda hacer lo que tú no haces, alguien que te complemente en el tema de publicidad, aunque seas tú un $úper Vendedor, lo más probable es que tú no tengas la habilidad para hacer la publicidad, así que debes de tener alguien que trabaje para ti y que sea experto en el tema.

Contrata un entrenador, recuerda que no es cuánto te cuesta tener un entrenador sino cuánto has dejado de ganar por no tenerlo. Nosotros somos expertos para ayudarte a lograr tus metas en tiempo record. Conéctate con nosotros en www.iexito.com y te podemos asesorar para lograr tus objetivos lo más rápido posible.

Ahora te voy a pasar 21 métodos que puedes utilizar para empezar con tu mercadeo de guerrilla inmediatamente, lo más seguro es que tú ya tengas un método pero si lo tienes entonces compleméntalo, recuerda que cada persona que entre a tu negocio o compre tu producto o servicio tienes que saber cuál fue el medio por el cual llegó a ti. Mide, mide y con esto toma decisiones y recuerda que la única constante en la vida es el cambio, así que cambia tu método hasta que esto funcione.

¿Cuáles son las 21 armas del Mercadeo de Guerrilla que puedes empezar ahora?

1. Poner anuncio de tu negocio en tu oficina.
2. Anuncio en tu carro que incluya teléfono.
3. Colocar logo y páginas de negocio en firma electrónico de correo.
4. Tarjetas de presentación con todas las páginas y teléfonos.
5. Hacer medias páginas donde se explique tu negocio y repartir a posibles clientes.
6. Hacer página de internet.
7. Colocar carteles en puntos clave de venta.
8. Mandar un correo electrónico a toda tu base de datos.
9. Mandar mensaje de WhatsApp a todos sus contactos.
10. Mandar mensaje en Facebook ofreciendo tus servicios.
11. Invitación a todos los contactos de Facebook.
12. Publicidad en Google AdWords.
13. Hacer videos en YouTube.
14. Conseguir bases de datos en la Sección Amarilla.
15. Postear en páginas de negocios.
16. Hacer un plan de recomendación para tus clientes.
17. Visitar Cámaras de comercio para pegar publicidad.
18. Hacer una presentación en PowerPoint explicando tus servicios y subirla en SlideShare.
19. Hacer página de Facebook.
20. Hacer página de Twitter.
21. Hablar por teléfono con todos los contactos que tengas en tu teléfono.

"Los minoristas, mayoristas y organizaciones de logística necesitan sus propias estrategias de mercadeo."

Philip Kotler

¿Cuál es la fórmula para medir cuánto te cuesta un cliente?

Tienes que saber cuánto te cuesta atraer un cliente nuevo. Es importante comprender y analizar esta información todo el tiempo pues de este debe de depender cuánto es lo que vas a asignar al presupuesto de ventas, y lo más importante, vas a saber cuál es la forma más efectiva para atraer clientes a tu empresa.

Tienes que tener la siguiente información.

1. Saber de dónde viene cada cliente, por ejemplo, este mes vendimos 100 productos o servicios a clientes nuevos, aquí es importante que quites las ventas de clientes que ya tenías para que no se malinterprete la información, 20 fueron por medio de recomendaciones, 30 fueron por anuncio panorámico, 30 fueron por la página de internet, 10 por anuncio de radio y 10 por redes sociales.
2. Tienes que tener la información de cuánto se vendió en total por estos 100 clientes, aquí es donde sumas todas las ventas y a su vez saber cuánto se vendió por cada medio de publicidad que se probó, por ejemplo, vamos a suponer que vendiste 100 mil dólares con estos 100 clientes, por referidos se vendió $50,000 dólares, por anuncio panorámico $10 mil dólares, por página de internet $10 mil dólares, por anuncio de radio $20,000 dólares y $10,000 dólares por redes sociales.

Ahora vas a sacar cuál fue el costo total de la publicidad, de los cinco medios que utilizaste, cuánto te costó la recomendación, en este caso vamos a suponer que te costó mil dólares, el costo del anuncio panorámico que fue de $10 mil dólares, el de la página de internet de $5 mil dólares, el anuncio de radio $10 mil dólares y las redes sociales que fue de $4 mil dólares, entonces sabes que tu costo total fue de $30 mil dólares.

Con esta información entonces tienes el IXCN (Inversión por cliente nuevo), que se calcula de manera muy sencilla, los $30 mil dólares divididos entre los 100 clientes.

$$IXNC = \frac{\text{Costo de publicidad}}{\text{Clientes nuevos}}$$

$$IXNC = \frac{\$30{,}000 \text{ dólares}}{100 \text{ clientes nuevos}} = \$300 \text{ dólares por cliente nuevo}$$

Haz tu presupuesto de publicidad

Tienes que asignar por lo menos el 10% de las ganancias de cada mes a publicidad, muchas empresas nunca invierten en publicidad pero esto determina si eres enorme o eres una empresa del montón, como $úper Vendedor tienes que trabajar en ser también un futuro empresario, porque cuando adquieres la habilidad de ventas logras tener la habilidad más complicada de adquirir, son 4 las habilidades que necesitas como empresario: la primera es ventas, la otra es liderazgo, enseguida la administración y la cuarta es la de inversión. Por favor tienes que aprender a hacer publicidad, asigna el presupuesto, pero mídelo constantemente.

Hazlo ahora

Deja de estar posponiendo las cosas, haz ahora lo que tengas que hacer para poder incrementar las ventas, lo que te pido es que asignes y hagas el presupuesto, haz lo que tengas que hacer para poder llegar a las metas, repítete constantemente: hazlo ahora, hazlo ahora, hazlo ahora.
Todos tenemos 24 horas, tanto los que ganamos $100 mil dólares en un mes como los que batallan para pagar las cuentas de su casa. Todo depende de qué es lo que haces con tu tiempo libre y la acción que tomes. Así que acciona ahora, hazlo ahora. Usa tu tiempo y acciona, nunca pares hasta que obtengas tu objetivo, pero prueba todo lo que hagas.

¿Por qué debes de aprender de tus errores?

La clave es que intentes muchas cosas y midas, haciendo ajustes todo el tiempo. Aprende de tus errores, yo he cometido miles de errores en mercadotecnia y en mis negocios. Pero lo más importante es aprender de ellos, no importa si los sigues cometiendo pero que ahora sean más grandes y diferentes, esto es importante. Como dice el señor Carlos Slim, si vas a cometer errores comete muchos, así que sigue intentando, pero lo importante es que no cometas los mismos errores, sigue aprendiendo y entrenándote hasta que consigas lo que quieres.

> "Si vas a cometer errores, asegúrate de cometerlos en grande, perono de cometer los mismos."
>
> *Carlos Slim*

Poderes de $úper Vendedor

1. Haz una lista de todas las posibles formas de mercadeo y publicidad que puedas hacer sin costo.

2. Calcula la inversión por cliente.

3. Haz una lista de los mayores errores que has cometido y qué fue lo que aprendiste hablando de publicidad.

4. Busca quién te puede asesorar en el tema de publicidad.

5. Aprende de la competencia, revisa qué es lo que están haciendo y cópiales lo que les esté funcionando.

6. Hazlo ahora, por favor actúa y aprende de tus errores.

PODER = INFORMACIóN + ACCIóN

12

"No es lo que sabes sino lo que haces con lo que sabes lo que te va a llevar a lograr todas tus metas."

David Gaona

¿Sabías que lo que más determina tu éxito es la acción que tomes después de aprender algo?

¿Y ahora qué?

PODER = INFORMACIóN + ACCIóN

El sistema nunca falla, si lo aplicas y lo haces con acción masiva te vas a dar cuenta que vas a obtener resultados sorprendentes y muy sobresalientes. Así que tienes que salir y hacerlo.
Tu lista de tareas son 7:

1. Contrata un coach para que te ayude a conseguir lo que quieres más rápido. Puedes contratar a los mejores del mundo en www.iexito.com.
2. Sigue entrenándote, es muy importante que sigas manteniendo la energía a través de cursos. Ve al taller vivencial de Máquina de ventas para poder vivir lo que leíste en el libro.
3. Compra más libros de ventas, aquí te pasé una lista de los que yo utilizo como biblioteca personal.
4. Aplica todo lo que aprendiste sin pensarlo, las próximas dos semanas son fundamentales, utiliza el CIPASA.
5. Aprende de memoria los CIERRES.
6. Mejora tu entorno, limpia tu cuarto y hazte lo más eficiente posible.
7. Haz todos los días las 5 cosas más importantes para vender más.

Lo más importante, haz tu propio sistema

Este sistema funciona, yo lo he usado por muchos años además yo se le he copiado a los vendedores más grandes del mundo a los $úper Vendedores, pero quiero que tú lo tomes y hagas tu propio sistema, hazle las adecuaciones que necesites y documéntalo. Tienes que mejorarlo, pero una vez que te hayas vuelto experto en él.

Gracias y felicidades por haber terminado el libro y ahora a actuar.

Te veo muy pronto en los talleres y gracias por comprar el libro.

¡Gracias!

Conclusiones

En esta vida todo es una venta, o alguien te está vendiendo o tú les estás vendiendo, asegúrate que te entrenes toda la vida para ser el mejor vendedor que puedas ser. Recuerda que la venta es una herramienta que te va a servir para que te vaya bien en todos los aspectos, sea en lo familiar, sentimental, negocios, deportes, sociedad, así que aprende los pasos del sistema CIPASA y hazte un experto. Asómbrate de todo lo que vas a atraer en bendiciones a tu vida por saber vender, te vas a dar cuenta cada día más que el camino se vuelve más sencillo y sobre todo lo vas a disfrutar más, apréndete las herramientas de memoria y utilízalas.

Sigue entrenándote, compra libros y audio libros, ve a cursos y talleres, siempre mejora, no pongas excusas de dinero o de tiempo, recuerda que hay ¡EXCUSAS O RESULTADOS!, el éxito nunca tiene excusas así que ve por todo lo que quieras. Recuerda que la información que entra en tu cerebro nunca más va a salir de ahí y se convierte en un activo, consigue un entrenador y págale, nunca escatimes en tu entrenamiento mental, espiritual y físico, para mí desde hace 10 años la principal inversión es en mi educación. Nunca escatimes en tu educación, nunca lo dudes sigue entrenando.

Ve por tus sueños y nunca te des por vencido.

¡EXCUSAS O RESULTADOS!

Código de Honor
de un $úper Vendedor

YO SOY un $úper Vendedor y ayudo siempre a mis clientes.

YO SOY un excelente solucionador de problemas.

YO disfruto siempre las ventas.

YO SOY un imán del dinero.

YO atraigo siempre a clientes y personas que quieren hacer negocio conmigo.

YO pienso siempre en que todos ganemos.

YO nunca me doy por vencido.

YO me entreno y leo todo el tiempo.

YO mejoro todo el tiempo.

YO soy un instrumento de Dios para servir.

Bibliografía

- La psicología de las ventas, Brian Tracy
- El arte de cerrar la venta, Brian Tracy
- Vendedores Perros, Blair Singer
- Unlimited sales power, Donald Moine
- El vendedor más grande de mundo, Og Mandino
- Nade entre tiburones sin que se lo coman vivo, Harvey B. Mackay
- Sales for Dummies, Tom Hopkins
- El vendedor súper estrella, Tom Hopkins
- How to master the art of selling, Tom Hopkins
- Cómo ganar amigos e influir sobre las personas, Dale Carnegie
- Cierre esa venta, Zig Ziglar
- Guerrilla Marketing, Conrad Levinson
- El cuerpo habla: Secretos de la comunicación no verbal, Joe Navarro

Oración del Vendedor

Mi Dios, Creador de todas las cosas gracias por ayudarme a tener siempre en mente mis metas.
Gracias por la habilidad para aprovechar mis oportunidades, enseñarme a conquistar con palabras y a prosperar con amor.
Gracias por ayudarme a vivir el hoy como si fuera el último, por guiar mis palabras para que sean fructuosas y disciplinarme para nunca darme por vencido.
Gracias por abrirme los ojos para ver cada oportunidad, por enriquecerme con buenos hábitos, por darme paciencia y persistencia para lograr cada meta que me propongo.
Gracias por ayudarme a vender más de mis productos y servicios, ya sea por teléfono, por internet o persona a persona, para hacerlo de manera sencilla y fluida pues mis clientes y prospectos me contestan con facilidad y me buscan de manera constante para requerir de más de mis productos.
Gracias por ayudarnos a vender cada vez más de nuestros productos y con ellos ayudar a más gente, por abrirnos más y más puertas y proveernos de más mercados en todo el mundo.
Gracias por ayudarnos a incrementar las ventas con nuestros clientes actuales y a aumentar nuestra cartera de clientes de una manera fluida, sencilla y por recomendación.
Gracias por ayudarnos a cumplir y exceder las necesidades de nuestros clientes y que ellos sean nuestros mejores vendedores debido a nuestro excelente servicio.
Te doy gracias por todo lo que me das y lo que viene pues sé que todo el éxito te lo debo a ti y por eso te agradezco y ejecuto cada acción sabiendo que tú me guías en cada paso.

BONO ESPECIAL

En agradecimiento y como recompensa por leer este libro, dando el primer paso para convertirte en un $úper Vendedor, Universidad de la Calle y David Gaona, te otorgan un bono especial del 50% de descuento para asistir al Taller HIPNOVENTAS de dos días para que te conviertas en una estrella en las ventas en tiempo récord.

Para hacer válido este BONO envía un correo a: contacto@ucalle.com o manda mensaje de WhatsApp al 52 1 81 1810 1442 para proporcionar tus datos.

Es necesario que presentes el libro en la mesa de registro el día del evento.

www.ingramcontent.com/pod-product-compliance
Lightning Source LLC
Chambersburg PA
CBHW052354220526
45465CB00003BA/1109